Programmierung komplexer Systeme 2

Herausgegeben von
Fevzi Belli und Hinrich E. G. Bonin

Günter Becker

Softwarezuverlässigkeit

Quantitative Modelle und Nachweisverfahren

W DE G

Walter de Gruyter
Berlin · New York 1989

Dr. Ing. *Günter Becker*
Wissenschaftlicher Assistent am Institut für Prozeß- und Anlagentechnik
der Technischen Universität Berlin

Das Buch enthält 35 Abbildungen.

CIP-Kurztitelaufnahme der Deutschen Bibliothek

Becker, Günter:
Softwarezuverlässigkeit : quantitative Modelle und Nachweisverfahren /
Günter Becker. - Berlin ; New York : de Gruyter, 1989
(Programmierung komplexer Systeme ; 2)
Zugl.: Berlin, Techn. Univ., Diss., 1989
ISBN 3-11-012227-8
NE: GT
D 83

Druck: Druckerei Gerike GmbH, Berlin. - Bindung: Lüderitz & Bauer GmbH, Berlin. - Einbandentwurf: Johannes Rother, Berlin. - Textillustrationen: David Andersen, Berlin.

Vorwort

Eine Entwicklung, die im Hardware-Bereich seit langem vonstatten geht, soll in dieser Arbeit auf Software ausgedehnt werden, nämlich Messung und Kontrolle von Zuverlässigkeit mit quantitativen probabilistischen Kenngrößen.

Man kann sich in der Tat fragen, ob dieser Schritt überhaupt erforderlich sei. Schließlich gelten die Gesetze der Wahrscheinlichkeitslehre generell und sicherlich auch für Software. Wer diese Gesetzmäßigkeiten kennt, kann sie auf beliebige Einsatzgebiete anwenden. Dennoch ist hierzu Arbeit erforderlich, weil bei Software andere Effekte wichtig sind als in anderen Gebieten. So sind dort alle Fehler Designfehler, welche im Kontext der Hardware meist nur pauschal modelliert werden. Auch besteht im Bereich der Software nicht die Zuordnung von Komponenten (Programmen bzw. Programmteilen) zu Typklassen mit gleichem Ausfallverhalten, bzw., sollte es derartige Klassen geben, so sind sie z. Z. noch nicht bekannt. Dies resultiert in eine Knappheit des Datenmaterials, wie sie bei Hardware in der Form nicht vorliegt.

Ziel dieser Arbeit ist, solche und ähnliche Einflußfaktoren zu berücksichtigen. Als Strategie liegt ihr zugrunde, möglichst viel der vorhandenen relevanten Information zu berücksichtigen. Dies geht über das übliche Modellieren der fehlerfreien Laufzeiten in einem Zuverlässigkeitswachstummodell hinaus und stellt einen neuen , erweiterten Ansatz dar, dem zu wünschen ist, daß er durch diese Buchveröffentlichung gebührende Beachtung findet.

Berlin, Juni 1989 L. Camarinopoulos

Inhalt

1. Einleitung

Der Einsatz von Prozeßrechnern und Mikroprozessoren in technischen Systemen ist sehr verbreitet und nimmt immer mehr zu. Dies liegt daran, daß sich mit diesen Geräten auf der Basis von wenigen, durch Massenfertigung billigen Bauteilen komplexe Aufgaben lösen lassen, indem sie durch entsprechende Software den vorhandenen Problemen angepaßt werden. Solange die Software aufgrund von vorhandenen Einschränkungen der Hardware vergleichsweise einfach und übersichtlich war, konnte man ihren Einfluß auf die Zuverlässigkeit außer acht lassen. In zunehmendem Maße stellt sich die Situation jedoch so dar, daß es keine hardwarebedingten Einschränkungen bezüglich Umfang und Komplexität eines Programmes mehr gibt. Die Komplexität eines Programmes wird in der Praxis ausschließlich durch die Komplexität der Aufgabenstellung und die Fähigkeit des Programmierers (bzw. des Programmier-Teams), diese zu erfassen, begrenzt.

Um die Funktionsfähigkeit eines Programmes zu gewährleisten, wird es während seines Lebenszyklus von zahlreichen Maßnahmen der Qualitätssicherung begleitet. Sie alle sollen bewirken, daß die Fehler, soweit etwa vorhanden, gefunden werden und das Produkt sich so verhält, wie seine Benutzer es erwarten. Zum einen werden alle Phasen der Entwicklung in ihren Ergebnissen ständig (informal oder durch formale organisatorische Maßnahmen) Prüfungen unterzogen, zum anderen wird das Produkt (oder Teile oder Vorstufen davon) getestet. Alle diese Maßnahmen führen, wenn man von trivialen Fällen absieht, nicht zu einer vollständigen Behebung aller Fehler, sondern sie kommen, je nach dem Aufwand, der getrieben wurde, diesem Ziel nur mehr oder weniger nahe. Daraus resultiert die Frage, welcher Aufwand denn nötig sei, um ein bestimmtes Niveau an Zuverlässigkeit zu gewährleisten, bzw. wie vorhandene begrenzte Ressourcen optimal eingesetzt werden können. Eine Beantwortung solcher Fragen setzt allerdings voraus, daß man die

Zuverlässigkeit eines Programmes messen kann. Nun kann man die Eingaben eines Programmes in aller Regel nur als Zufallsgrößen beschreiben. Deshalb ist das Ereignis, daß ein Programm ausfällt, zufälliger Natur, und Maße für die Zuverlässigkeit werden probabilistische Maße sein.

Moderne Verfahren der Software-Entwicklung sehen generell die Erstellung einer Problembeschreibung (Spezifikation) vor, die alles beinhaltet, was das Programm zu leisten in der Lage sein soll. Auf diese Spezifikation aufbauend wird dann das eigentliche Programm entwickelt. Man kann nun unterscheiden zwischen Fehlern in der Spezifikation und Fehlern beim Umsetzen der Spezifikation in das Programm. Häufig wird im Zusammenhang mit Softwarezuverlässigkeit nur die letztere Kategorie berücksichtigt, weil man die Korrektheit der Spezifikation als nicht zum Zuständigkeitsbereich des Programmierers gehörig erachtet. Fehler dieser Kategorie sind auch verhältnismäßig einfach zu kontrollieren, da die Spezifikation ja vorliegt und man sich nicht mit der Vielzahl an Möglichkeiten befassen muß, die aus Fehlern bei der Erfassung des Problems herrühren, wie dem Übersehen von Sonderfällen oder ähnlichem. In der Tat, sofern die Spezifikation in einer formalen Sprache vorliegt, kann man prinzipiell deren Übereinstimmung mit dem Programm beweisen oder die Umsetzung ins Programm sogar automatisch vornehmen. Ein solches Vorgehen mag hinreichen, wenn es lediglich darum geht, Fehler, die dem Entwickler angelastet werden können, auszuschliessen; geht es jedoch um die Frage, mit welcher Wahrscheinlichkeit ein Programm in einem gegebenen Zeitraum ausfällt, so kann man Spezifikationsfehler nicht außer acht lassen. Solchen Fehlern ist nur durch Tests zu begegnen. Um zu einer Aussage über die Zuverlässigkeit zu gelangen, sind solche Tests als statistische Tests aufzufassen und probabilistisch zu bewerten.

1.1 Die Forderung nach qualitativ hochwertiger Software

Vor etwa 15 - 20 Jahren [*Shooman*-83] gestattete die zunehmende Leistungsfähigkeit der Computer die Entwicklung von zunehmend leistungsfähiger und komplexer Software, die sich als zunehmend fehleranfällig erwies. Die Ursache dieser Fehleranfälligkeit, die zu erheblichen Kosten und zum gelegentlichen Abbruch von Softwareentwicklungsprojekten führte, wurde recht schnell in einem Engpaß bei den Verfahren zur Entwicklung von Software gefunden. Solche Verfahren waren nämlich de facto nicht vorhanden; statt dessen versuchten Programmierer und Manager aus den kleinen Bausteinen, die die Programmiersprachen boten, zu immer komplexeren Programmen zu gelangen. Es wurde bemerkt, daß ein ingenieurmäßiges Vorgehen anders aussieht: daß sich Entwickler zunächst im groben darüber Gedanken machen, was eigentlich entwickelt werden soll und daß sie diesen Entwurf prüfen und dokumentieren, bevor sie ihn schließlich solange verfeinern, bis ein verwertbares Produkt entsteht. Aus dieser Erkenntnis gingen Generationen von Modellen für den Software-Entwicklungsprozeß und Methoden, ihn zu kontrollieren, hervor [*Mills*-73, *Mills*-75, *Myers*-76, *Kimm*-79, *Boehm*-81, *Ramamoorthy*-84]. Es ist kaum möglich, mit sachlichen Maßstäben zu einer Bewertung solcher Modelle zu gelangen; jedoch läßt sich getreu der Devise "Plan beats no plan" die grobe Aussage treffen, daß jedes Konzept besser ist als gar keines, so daß man es grundsätzlich als positiv bewerten muß, wenn diese Modelle auch zur Anwendung gelangen.

In engem Zusammenhang mit der Forderung nach qualitativ hochwertiger Software steht die Qualitätssicherung. Es ist die Aufgabe der Qualitätssicherung, generell das Erreichen bestimmter vorher festgelegter Qualitätsmerkmale (wie z. B. Zuverlässigkeit) zu gewährleisten. Falls es hierbei um Software geht, spricht man auch von Softwarequalitätssicherung [*DGQ- NTG*-86]. Generell ist zu unterscheiden zwischen Qualitätsplanung, Qualitätslenkung und Qualitätsprüfung (DIN 55350, Teil 11), d. h. zur Qualitätssicherung gehören Maßnahmen zum Erreichen und zum Messen von Qualitätsmerkmalen, sowie der planvolle Einsatz von beidem.

Die Softwarezuverlässigkeit ist zwar nur eines unter vielen Softwarequalitätsmerkmalen, jedoch sicherlich eines von großer, im allgemeinen herausragender Bedeutung. Thema dieser Arbeit ist der (quantitative) Nachweis von Softwarezuverlässigkeit. Um dieses Konzept in einen größeren Rahmen einzuordnen und seine Bedeutung entsprechend zu würdigen, soll im folgenden die Problematik des Erzielens und Nachweisens von Softwarezuverlässigkeit betrachtet werden.

1.2 Der Nachweis von Softwarezuverlässigkeit

Nach DIN 40042 ist die Zuverlässigkeit definiert als

> "die Fähigkeit einer Betrachtungseinheit, innerhalb der vorgegebenen Grenzen denjenigen durch den Verwendungszweck bedingten Anforderungen zu genügen, die an das Verhalten ihrer Eigenschaften während einer gegebenen Zeitdauer gestellt werden."

Nun hat die Zuverlässigkeit gewissermaßen einen Zufallscharakter. Zum einen gibt es die Möglichkeit, daß ein ursprünglich zuverlässiges Produkt durch Ausfälle, die nur als zufällige Ereignisse modelliert werden können, diese Eigenschaft verliert, zum anderen ist es möglich, daß ein Produkt inhärent fehlerbehaftet ist (Designfehler), daß jedoch die Art der Anforderungen zufälliger Natur ist, so daß während des Beobachtungszeitraums solche Anforderungen, die es nicht erfüllen kann, mit einer bestimmten Wahrscheinlichkeit nicht vorkommen. Aus diesem Grund hat sich (insbesondere im angelsächsischen Sprachraum) eine probabilistische Erweiterung der obigen Definition eingebürgert;

so definiert Shooman [*Shooman*-84] die Softwarezuverlässigkeit folgendermaßen:

> "Software reliability is the probability, that a given software system operates for some time period without software error, on the machine for which it was designed, given that it is used within design limits"

Die Verbreitung dieser probabilistischen Definition läßt sich am ehesten daran ermessen, daß die Überlebenswahrscheinlichkeit einer Einheit international in der Literatur mit R (t) (reliability over time) abgekürzt wird. Sie stimmt jedoch nicht mit der DIN-Norm überein: Ist dort die Zuverlässigkeit eine Eigenschaft über ein Zeitintervall, so ist sie hier die Wahrscheinlichkeit, daß diese Eigenschaft über das Zeitintervall vorliegt. Für die Zuverlässigkeit im qualitativen Sinn wurde in einiger neuerer englischer Literatur der Ausdruck 'dependability' (Verlässlichkeit) verwandt.

Korrespondierend zu den beiden Sichtweisen der Zuverlässigkeit gibt es zwei Ansätze, Zuverlässigkeit nachzuweisen, nämlich zum einen in einem absoluten Sinn zu zeigen, daß ein Produkt seine Anforderungen erfüllt, es also zuverlässig ist, zum anderen zu zeigen, daß die Wahrscheinlichkeit, daß es sie während der Beobachtungszeit erfüllt, hinreichend nahe bei eins liegt. Der erste Weg ist bei Hardware nicht gangbar, da auch bei Abwesenheit von Designfehlern zufällige Ausfälle nicht auszuschließen sind. Bei Software hingegen ist ein Fehlverhalten nur aufgrund von Designfehlern möglich. Deshalb werden hier neben den Testverfahren, die - wenn sie über qualitative Aussagen hinausgehen - nur probabilistische Aussagen gestatten, auch Verifikationsverfahren eingesetzt, die das Ziel haben, die Korrektheit eines Programmes zu beweisen. Somit sind Verifikations- und Testverfahren die zu betrachtenden Nachweisverfahren.

1.2.1 Verifikationsverfahren

Die fundamentalen Arbeiten zu den Verifikations- oder Beweisverfahren sind die von Floyd [*Floyd*-67] und Hoare [*Hoare*-69]. Das Thema soll hier nicht im Detail behandelt werden, sondern nur im Gesamtrahmen des Softwarezuverlässigkeitsbegriffes eingeordnet werden. Eine Einführung, auf der die folgenden Ausführungen basieren, ist die Arbeit von Loeckx [*Loeckx*-87]. Syntax und Semantik einer Programmiersprache sind vorgegeben, und ermöglichen es, ein Programm mit Hilfe der mathematischen Logik formal zu beschreiben. Meist (jedoch nicht immer [*Milner*-79]) basieren diese Ansätze auf die Prädikatenlogik erster Ordnung. Es wird davon ausgegangen, daß auch die Spezifikation des Programmes formal vorliegt und eindeutig in logische Ausdrücke transformiert werden kann. Nachdem sowohl Programm als auch Spezifikation derart umgesetzt worden sind, gibt es Umformregeln, mit denen die Äquivalenz der beiden bewiesen werden kann. Da die Vorgehensweise beim Erstellen solcher Beweise zumindest bei strukturierten Programmen (d. h. ein Eingang und Ausgang pro Programmkonstrukt) eher formaler Natur ist, gibt es auch Ansätze, solche Beweise automatisch oder zumindest rechnergestützt durchzuführen.

Häufig werden Verifikationsansätze deswegen kritisiert, weil die Beweise kombinatorisch sehr komplex sind und dem Analytiker auch beim Beweis Fehler unterlaufen können. Sobald jedoch der Beweis automatisch durchgeführt werden kann, ist dieses Argument, wenn nicht widerlegt, so doch weitgehend entkräftet. Zwar ist es als np-vollständiges Problem bekannt, die Identät zweier Formeln nachzuweisen [*Rosenthal*-75], jedoch ist es auch dann möglich, praktikable Lösungen zu finden, die die Besonderheiten zumindest wichtiger Kategorien von Problemfällen berücksichtigen. In einem zugegebenermaßen einfacheren Problem, nämlich der Ermittlung der Minimalschnitte einer kohärenten booleschen Gleichung, war man noch vor zehn Jahren überzeugt, man werde es nie für Systeme mit mehr als vielleicht einigen Dutzend Variablen lösen können. Sowohl die Fortschritte in der Leistungsfähigkeit der Computer als auch die kontinuierliche Verfeinerung der Algorithmen führten jedoch zu Programmen, die Systeme mit bis über 1000 Variablen lösen [*Yllera*-86]. Obwohl die Probleme, die bei der Verifikation von Programmen anfallen, sicherlich komplexerer Natur sind, sollte man damit rechnen, daß Verifikationsalgorithmen in mittelfristiger Zukunft auch größere Programme verifizieren werden können.

Eine wesentlich fundamentalere Einschränkung stellt jedoch die Notwendigkeit einer formalen Spezifikation dar, denn diese ist bei den meisten Programmen von vornherein nicht gegeben. So stellt die Erstellung einer Spezifikation in geeigneter Form eine Fehlerquelle dar, die durch einen Verifikationsansatz nicht erfaßt werden kann. Allenfalls ist eine in dieser Form vorliegende formale Spezifikation leichter auf Widersprüche und undefinierte Fälle prüfbar.

Betrachtet man eine formale Spezifikation und ein Programm, so weisen beide eine große Ähnlichkeit auf. In der Tat sind manche formale Spezifikationssprachen sogar ausführbar, d. h. das zugehörige Programm kann daraus automatisch erstellt werden. Deshalb liegt der Gedanke nahe, daß die Erstellung einer formalen Spezifikation aus einer Aufgabenstellung und die Erstellung eines Programms aus der informalen Spezifikation derselben Aufgabenstellung recht ähnliche Aufgaben sind, so daß man in beiden Produkten ähnliche Fehler erwarten kann. Somit gelangt man zu der Aussage, daß die formale Spezifikation dasselbe Programm in einer anderen, vielleicht in mancher Hinsicht besseren Programmiersprache ist, und daß ein "Korrektheitsbeweis" letzten Endes der Nachweis ist, daß zwei Programme in unterschiedlichen Programmiersprachen logisch äquivalent sind, also auf die gleichen Eingaben mit den gleichen Ausgaben reagieren.

Manche heftig geführte Diskussion der Vergangenheit hätte unterbleiben können, wenn man hätte etwas mehr Vorsicht bei der Auswahl der Begriffe walten lassen; die eher ingenieurmäßige Aussage "Man kann beweisen, daß zwei Programme sich bei allen Eingaben äquivalent verhalten" reizt längst nicht so sehr zum Widerspruch, wie die Aussage "Man kann beweisen, daß ein Programm korrekt ist", obwohl sich schließlich zeigen muß, daß mit der letzteren Aussage genau die erstere gemeint ist.

1.2.2 Testverfahren

Das konventionelle Verfahren zum Nachweis von Softwarezuverlässigkeit ist die Anwendung von Tests. Tests lassen sich im weitesten Sinne jeder Phase des Entwicklungszyklus zuordnen. Die einfachste Möglichkeit, ein Programm zu testen, besteht darin, zu prüfen, ob die Prinzipien der modernen Software-Entwicklungsverfahren angewandt wurden; d. h., man prüft auf die Existenz einer Dokumentation, wie einer Programmbeschreibung und einer Bedienungsanleitung, sowie auf Protokolle, die die Entwicklungsgeschichte des Programmes Schritt für Schritt belegen, so daß nachvollziehbar wird, ob etwa der Entwurf top-down erfolgte und nur zulässige Sprachkonstrukte Verwendung fanden etc. So sind in DIN V 66285 Prüfbestimmungen für Anwendersoftware gegeben. Falls diese Prüfung von einem autorisierten Prüfinstitut erfolgreich durchgeführt wird, darf die Software ein Gütesiegel der GGS (Gütegemeinschaft Software) führen. Gegenstand ist im wesentlichen, ob die benötigte Dokumentation vorhanden und präzise ist, ob das Programm die dokumentierten Fähigkeiten für einige einzelne Prüffälle erfüllt und ob es robust auf Fehlbedienung reagiert. Erste inhaltliche Aspekte überdeckt die Prüfung nach [*Hövel*-87], bei der zusätzlich die grundsätzliche Eignung des Programmes zur Lösung einer bestimmten Problematik (z. B. Branchenlösung) bewertet wird.

Alle weiteren Tests werden in der Regel nicht extern, sondern im engen organisatorischen Zusammenhang mit den Entwicklern durchgeführt. Sie haben zum Ziel, rein inhaltlich zu prüfen, ob das Produkt seinen Anforderungen genügt. Anfänglich, solange noch kein lauffähiges Produkt existiert, erfolgt die Prüfung durch eine mehr oder weniger formale Inspektion, hernach durch Beaufschlagen des Programmes mit Eingaben und Überprüfung der Ausgaben.

Zusätzlich zu solchen Tests, die quasi parallel zu jeder Phase des Entwicklungsprozesses laufen, gibt es noch eigentliche Testphasen im Verlauf der Entwicklung. Mindestens der Abnahmetest gegen Ende der Entwicklung ist hier einzuordnen; bisweilen wird auch das sog. Debugging, d. h. Fehler suchen und korrigieren als eigene Phase geführt, zumindest, soweit das ganze Programm (und nicht nur einzelne Module) davon betroffen ist. Alle diese Tests, soweit sie als probeweises Durchführen des Programmes zu verstehen sind, haben etwas zufälliges an sich, auch, wenn einige Vorgehensweisen systematischer sind als andere. Im Kapitel 2 wird der Test im engeren Sinne deshalb als statistischer Test behandelt.

1.3 Das Erzielen von Softwarezuverlässigkeit

Es ist ein Grundanliegen der Disziplin des Softwareengineering, durch entsprechende Maßnahmen Softwarezuverlässigkeit zu gewährleisten [*Schnupp*-79, *Shooman*-83, *Ramamoorthy*-84]. Die in dieser Arbeit im Vordergrund stehenden analytischen Verfahren zum Nachweis der Softwarezuverlässigkeit haben nur dann Sinn, wenn es gleichfalls Verfahren gibt, mit denen Softwarezuverlässigkeit erreicht werden kann [*Becker*-87]. Andererseits ist es jedoch durch noch so ausgefeilte Maßnahmen kaum praktikabel, eine Eigenschaft zu erreichen, die man nicht messen kann, da der benötigte Aufwand nicht geschätzt und schon gar nicht optimiert werden kann.

Softwarezuverlässigkeit im besonderen, wie auch Qualität im allgemeinen, wird zum einen durch eher organisatorische Kontrollmaßnahmen (Management) erreicht, zum anderen auch durch konkrete Vorgehensweisen und Anwendung spezifischer Verfahren der Programmentwicklung (konstruktive Maßnahmen). Diese letzteren lassen sich grob in fehlerintolerante und fehlertolerante Ansätze einteilen. Beide Ansätze sind komplementär; bei den intoleranten Ansätzen steht das Erreichen eines fehlerfreien Produktes im Vordergrund, bei den toleranten Ansätzen wird eine Lösung, die trotz der Existenz von Fehlern ihre Aufgaben erfüllt, angestrebt.

1.3.1 Fehlerintolerante Ansätze

Bei den fehlerintoleranten Ansätzen wird ein fehlerfreies Produkt angestrebt. Hierzu ist es erforderlich, zum einen die Entstehung von Fehlern zu verhindern, zum anderen bereits entstandene Fehler restlos aufzuspüren und auszumerzen. Maßnahmen und Vorgehensweisen zur Vermeidung von Fehlern sind in technischen Regeln ([*DGQ-NTG*-86] und insbesondere DIN ISO 9000 und folgende), teilweise auch firmeninterner Art festgelegt. Insbesondere wird gefordert:

- eine möglichst formale, klare, wohlgegliederte Anforderungsdefinition

- ein nach der Methode der schrittweisen Verfeinerung erstellter, hierarchisch gegliederter Entwurf

- Verwendung "sicherer" (d. h. höherer) Programmiersprachen und ebensolcher Programmkonstrukte (als besonders sicher gelten: Sequenz, Verzweigung und Iteration)

- Minimale Realzeiteinflüsse durch weitestmöglichen Verzicht auf Interrupts und parallelen Prozessen u. v. a.

Um dennoch entstandene Fehler aufspüren zu können, muß man das Produkt prüfen können. Hierzu ist nicht nur die Existenz entsprechender Dokumentation erforderlich, sondern sie muß zudem so häufig aktualisiert werden, daß sie mit den Änderungen des Programmes Schritt hält. Zudem sollte die Dokumentation in streng normierter Form vorliegen, so daß gleiche Dinge stets gleich dokumentiert werden.

Diese Forderungen lassen sich am ehesten verwirklichen, wenn Programmquelle und Entwicklungsdokumentation einschließlich der Zuordnung zueinander auf demselben Rechner residieren. Es gibt bereits eine Fülle von Werkzeugen [*Balzert*-85, *Hesse*-81] - bekannte Vertreter im deutschsprachigen Raum sind EPOS, PROMOD und SPECIAL -, die eine derartige Verwaltung unterstützen und das Einhalten gewisser Formalismen durch die Anwender erzwingen.

1.3.2 Fehlertolerante Ansätze

Obwohl die fehlerintoleranten Ansätze während der letzten Jahre ständig weiterentwickelt wurden, sind Programme nach ihrer Entwicklung immer noch nicht fehlerfrei. Fehlerfreiheit in einem absolutistischen Sinn widerspricht in gewisser Weise dem Wesen des Menschseins; deshalb kann sie wohl auch nur angestrebt, nicht jedoch erreicht werden, wenn man von trivialen Fällen einmal absieht. Aus diesem Grund ist eine Maßnahme zur weiteren Erhöhung der Zuverlässigkeit, die gerade in jüngerer Zeit Beachtung findet, die Programme von vornherein so zu entwerfen, daß sie Fehler zumindest teilweise tolerieren können. Die Anfänge der Fehlertoleranz liegen im dunkeln. Ein historisch gesehen erster Schritt in diese Richtung sind die sog. watch-dog Schaltungen. Diese stellen eine Variante des Konzepts der zeitlichen Redundanz dar, das besagt, daß man eine Aufgabe, die vom Rechner nicht bewältigt wird, etwas später noch einmal versucht. In komplexen Echtzeitsystemen ist das Phänomen des "sich aufhängens" bekannt, d. h. die zeitlichen Anregungen, die in beliebiger Weise eintreffen, verursachen irgendwann einmal ein nicht reproduzierbares Fehlverhalten, das zu einem Zusammenbruch des Rechnersystems führt. Bei der zeitlichen Redundanz macht man sich eben diesen Tatbestand der nicht-Reproduzierbarkeit, der das Lokalisieren solcher Fehler sehr erschwert, zunutze, weil man davon ausgeht, das sich die Eingangssignale bei einem zweiten Versuch nicht so kritisch verhalten werden.

Bei der watch-dog Schaltung wird eine externe Schaltung eingesetzt, (z. B. ein digitaler Zähler oder ein nachtriggerbares Monoflop), um ein von der CPU nicht zu ignorierendes Signal auszulösen [*Hansel*-88], wie einen reset oder zumindest einen nicht maskierbaren Interrupt, sofern diese Schaltung nicht in regelmäßigen Abständen von der CPU ein Signal erhält, was dies durch Rücksetzen des Zählers oder Nachtriggern des Monoflops für eine gewisse Zeit verhindert. Dieses Signal wird vom Programm erzeugt, wodurch es dem "Wachhund" mitteilt, daß es noch aktiv ist. Der Schutz, den diese Art der Diversität bietet, ist nicht vollständig, und seine Wirksamkeit hängt sehr von der Art ab, wie die Aufrufe innerhalb des Programms eingestreut werden; jedoch können Endlosschleifen oder sich gegenseitig blockierende Prozesse bis zu einem gewissen Grad erkannt und behoben werden.

Neuere Ansätze gehen vom Vorhandensein diversitärer Algorithmen aus. Falls das Ergebnis eines Algorithmus mit vertretbarem Aufwand prüfbar ist, wird es geprüft und, falls es sich als verkehrt erweist, der diversitäre Algorithmus verwandt. Falls es mehr als zwei Versionen gibt, kann man diesen Vorgang entsprechend wiederholen. Dieses Verfahren, das im Softwarebereich unter dem Namen "Recoveryblocktechnik" [*Randell*-75] (eingedeutscht, jedoch etwas ungebräuchlich "Rücksetzblocktechnik") bekannt geworden ist, bezeichnet man generell als "kalte Reserve", d. h. die Reservekomponente wird erst dann aktiv, wenn die Betriebskomponente ausgefallen ist und kann auch erst dann ausfallen. Aus diesem Grund sind solche Systeme, was die Zuverlässigkeit angeht, oft günstiger als heiße Reserven, bei denen die redundanten Teilsysteme ständig in Betrieb sind; jedoch ist eine Überprüfung der Ergebnisse oft nicht möglich oder auch fehlerträchtig. Deshalb gibt es auch ein Konzept der Fehlertoleranz für die heiße Reserve, welches unter dem Namen n-version Technik bekannt ist [*Avizienis*-84]. Hierbei wird die Prüfung der Algorithmen durch eine Mehrheitsentscheidung unter den Ergebnissen der Varianten des Algorithmus realisiert.

Beispielhaft wird ein System aus drei diversitären Algorithmen betrachtet. Wird es durch die n-version Technik realisiert, so handelt es sich um ein 2-von3 System, d. h. es müssen zwei der drei Komponenten ausfallen, damit es zu einem Systemausfall kommt. Von der Zuverlässigkeitslehre her läßt sich ein solches fehlertolerantes System durch ein Strukturschaltbild nach Abb. 1-1 darstellen.

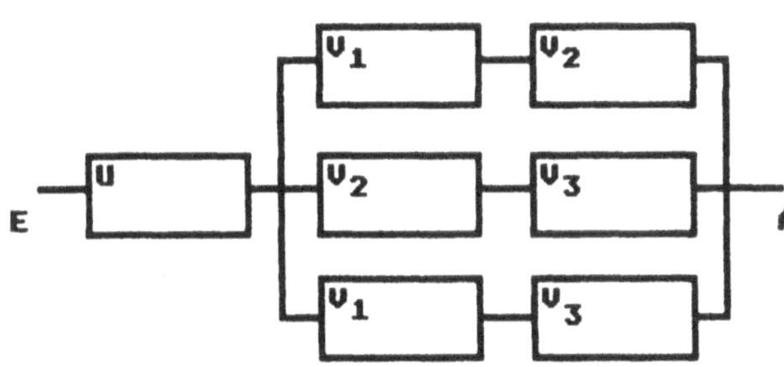

Abb. 1-1: *Strukturschaltbild eines fehlertoleranten Programmes mit Majoritätsbildung*

Das System besteht aus den drei redundanten Algorithmen V_1, V_2, V_3 und einer Kontrollogik U, die die drei Algorithmen aufruft und für die Ergebnisse eine Mehrheitsentscheidung durchführt. Zunächst muß auffallen, daß der Einheit U strukturell eine herausragende Bedeutung in der Systemzuverlässigkeit zukommt, da sie durch keine Redundanz unterstützt wird. Im Fall unabhängiger Ausfallereignisse gilt (mit p_v und p_u als Ausfallwahrscheinlichkeiten der Komponenten):

$$p_{sys} = p_u + 3\, p_v^2 - 2\, p_v^3 - 3\, p_u p_v^2 + 2\, p_u p_v^3 \tag{1-1}$$

Das heißt, alle Terme außer p_u tauchen nur in Produkten auf und tragen deshalb vergleichsweise wenig bei. Dies macht deutlich, daß an die Einheit U erheblich höhere Anforderungen gestellt werden müssen, als an die anderen Komponenten. Beim entsprechenden Recoveryblocksystem sind die Verhältnisse noch extremer, weil dort keine Majoritätslogik zum Einsatz kommt, sondern ein einziges funktionsfähiges Modul hinreichend für die Erfüllung der Systemmission ist.

Nun ist das Modul "Kontrollogik" allerdings nicht der einzige Faktor, der den Vorteil der Diversität schmälert. Es müssen vielmehr Abhängigkeiten zwischen den diversitären Versionen in Betracht gezogen werden; die obige Formel gilt nur für unabhängige Ausfallereignisse. Zum einen gibt es die Möglichkeit, daß der Ausfall einer diversitären Komponente den Ausfall anderer Teile des Systems verursacht, indem entsprechende Speicherbereiche überschrieben werden. Eine andere Möglichkeit ist, daß zwei Programme denselben Fehler enthalten. Dies ist nicht so unwahrscheinlich, wie es manchmal behauptet wird [*Scott*-83]; ähnlich, wie es bestimmte optische Täuschungen gibt, denen nahezu alle Menschen unterliegen, gibt es auch typische Denkfehler bei der Entwicklung von Programmen. Bei Experimenten sind wiederholte Fehler aufgetreten [*Bishop*-86, *Knight*-85], und es gibt auch psychologische Deutungsversuche dieses Phänomens [*Grams*-86].

Alle diese abhängigen Ausfälle können mit aus der Technik bekannten heuristischen Modellen [*Marshall*-67, *Vesely*-68] formal erfaßt werden. Beispielhaft sei die β-Faktormethode erwähnt [*Fleming*-75]. Hierbei wird angenommen, daß ein bestimmter Anteil der Ausfälle, die von einer Ausfallwahrscheinlichkeit oder -rate erfaßt werden, abhängige Ausfälle sind, d. h. man setzt $\lambda_{abh}=\beta\cdot\lambda_{gesamt}$. Insbesondere bei hochzuverlässigen Systemen erweist es sich, daß die abhängigen Ausfälle das Systemverhalten dominieren und den Nutzen von Redundanzen empfindlich schmälern können. Bei Hardwaresystemen liegt β meist zwischen 5% und 40%. Der Übergang von durch Experten geschätzten β-Faktoren zu solchen, die aus statistischen Erhebungen hervorgehen, vollzieht sich selbst im Bereich der Hardwarezuverlässigkeit nur schleppend und erst in jüngerer Zeit. Für Software sind überhaupt keine β-Faktoren bekannt; die wenige vorhandene Evidenz [*Bishop*-86, *Knight*-85, *Grams*-86] deutet aber allein für die oben erwähnten abhängigen Ausfälle aufgrund gemeinsamer Programmierfehler auf eine ähnliche Größenordnung. Hinzu käme die bisher völlig unquantifizierte Möglichkeit der gegenseitigen Störung, falls die Programme auf demselben Prozessor ablaufen, oder auf denselben Speicher zugreifen.

Zusammenfassend läßt sich sagen, daß die Zuverlässigkeit redundanter Systeme, zu denen fehlertolerante Systeme zählen, in der Praxis von den allen Zweigen gemeinsamen Teilen und von den abhängigen Ausfällen determiniert wird. Dies bedeutet, daß ein fehlertolerantes System sich unter dem Gesichtspunkt der Zuverlässigkeit nur dann lohnt, wenn die Kontrollogik im Vergleich zu den zu implementierenden Algorithmen entweder von geringer Komplexität ist, oder aber auf andere Weise als zuverlässig qualifiziert werden kann, z. B. durch Wiederverwendung bereits durch vielfachen Einsatz in anderen Applikationen qualifizierter Subsysteme.

Außerdem muß die Trennung zwischen den diversitären Programmteilen weitestgehend eine gegenseitige Beeinflussung verhindern. In letzter Zeit kommen Prozessoren auf den Markt (wie der 80286 und der 80386 im sog. "protected mode"), bei denen rein hardwaremäßig ein Prozeß nicht unkontrolliert in den Speicherbereich eines anderen eindringen kann. Heute existierende diversitäre Problemlösungen sind jedoch in der Regel so konzipiert, daß jeder Prozeß seinen eigenen Prozessor und Speicher hat und die Majoritätsbildung durch zusätzliche Hardware erfolgt. Damit verbleiben nur solche Abhängigkeiten, die durch die Tendenz zu gleichen Programmierfehlern bedingt sind. Das heißt, daß durch einen fehlertoleranten Ansatz dieser Art realistischerweise eine Verbesserung der Softwarezuverlässigkeit um einen Faktor 5 bis 20 denkbar ist, wenn man den oben angesetzten Wert von $\beta \approx 5\ \% \ldots 20\ \%$ zugrunde legt.

Ein bisher nicht weiter untersuchter Ansatz, der denselben Effekt auf nur einen Rechner zu erzielen in der Lage wäre, ist der Einsatz der im Absatz 1.2.1 beschriebenen Beweismethoden. Bei ihrem üblichen Einsatz haben diese Verfahren den Nachteil, daß die von ihnen benötigte formale Spezifikation bereits Fehler enthalten kann, die somit nicht abgedeckt sind. Setzt man sie jedoch dafür ein, diversitäre Versionen eines Algorithmus gegeneinander zu prüfen, so wäre dieser Nachteil nicht mehr vorhanden, denn die Versionen liegen ja bereits in der formalen Sprache, in der sie implementiert wurden, vor. Es wäre also möglich, die diversitären Versionen gegeneinander zu beweisen. Dabei würden Unterschiede zwischen den Versionen offenbar, die zu den Fehlern korrespondieren. Gelingt es, diese Fehler zu korrigieren, verbleiben zum Schluß gleichfalls nur die gemeinsamen Programmierfehler, so daß es hinreicht, eine einzige der Versionen tatsächlich zu verwenden. Eine Voraussetzung hierzu wäre, daß Beweisverfahren auf realistische Programme angewandt werden können, was heute noch nicht der Fall ist.

1.4 Kenngrößen für Softwarezuverlässigkeit

Soll Softwarezuverlässigkeit quantitativ erfaßt werden, so bedarf es geeigneter Maße. Ein intuitiv ansprechendes Maß wäre z. B. die Anzahl der Fehler in einem Programm. Zwar ist nicht immer klar, wie die Fehler zu zählen sind, jedoch leuchtet ein, daß ein Programm mit vielen Fehlern weniger zuverlässig ist, als eines mit wenigen. In vielen Fällen wird diese Aussage stimmen; sie ist aber dennoch ungenau. Die Zuverlässigkeit eines Produktes, wie sie oben nach der DIN 40042 definiert wurde, leitet sich aus der Funktionserfüllung über eine bestimmte Zeit, nicht jedoch aus den Fehlern ab. Dies ist aus der Sicht eines Anwenders auch angemessen. So kann ein Programm mit vielen Fehlern, die jedoch selten zum Ausfall führen, sich als zuverlässiger erweisen, als eines mit nur einem einzigen Fehler, der sehr oft einen Ausfall auslöst.

Es ist deshalb angezeigt, die probabilistischen Maße für Zuverlässigkeit, wie sie im Hardwarebereich seit langem etabliert sind, auch bei der Fragestellung der Softwarezuverlässigkeit zu verwenden.

1.4.1 Generelle Einführung der Ausfallwahrscheinlichkeit als Kenngröße

Wenn man ein Fehlverhalten einer Einheit oder eines Systems, d. h. ein Nichterfüllen seiner Funktion gemäß der Zuverlässigkeitsdefinition nach DIN 40042 als einen Ausfall definiert, so ist Zuverlässigkeit offensichtlich die Abwesenheit von Ausfällen während des Beobachtungszeitraums. Da in der Regel keine Aussagen absoluter Art für das Eintreten von Ausfällen möglich sind, ist die Wahrscheinlichkeit, daß kein Ausfall im Beobachtungszeitraum stattfindet R(t), oder deren Komplement, die Ausfallwahrscheinlichkeit

$$Q(t) = 1 - R(t),$$

die adäquate Kenngröße für die Zuverlässigkeit. Da beide Größen direkt miteinander verknüpft sind, soll die folgende Betrachtung auf die Ausfallwahrscheinlichkeit eingeschränkt werden. Zu ihrer exakten oder näherungsweisen Ermittelung steht das Instrumentarium der mathematischen Theorie der Zuverlässigkeit [*Barlow*-65] bereit, das hier nur angedeutet werden kann. Generell findet das Ausfallereignis stets am Ende einer Lebensdauer statt. Ist F(t) die Verteilungsfunktion der Lebensdauer T, d. h.

$$F(t) = W\{T \leq t\}, \tag{1-2}$$

so gilt deshalb für die Ausfallwahrscheinlichkeit

$$Q(t) = F(t) \tag{1-3}$$

Oft läßt sich die Lebensdauer als unabhängige Zufallsgröße beschreiben, d. h. Abhängigkeiten von besonderen Betriebszuständen oder Umwelteinflüssen liegen entweder nicht vor, oder sie treten, weil diese Bedingungen während des Beobachtungszeitraums konstant sind, nicht zutage. In diesem Fall stellt die Verteilungsfunktion der Lebensdauer die maximal mögliche Information über die Zuverlässigkeit dar, und alles, was dem Analytiker zu tun bleibt, ist, diese Verteilung durch statistische Auswertung von Beobachtungen zu erfassen. Beispielhaft für solches Verhalten sind dauerhaft bzw. regelmäßig im Betrieb befindliche Komponenten, wie Elektromotoren und Pumpen. Andere Komponenten, wie z. B. Schalter, fallen in den meisten Fällen im Zusammenhang mit Anforderungen (Betätigungen) aus. In diesem Fall ist die Lebensdauer keine unabhängige Zufallsvariable, und es muß das Anforderungsprofil in die Bewertung mit einfließen.

Es besteht jedoch ein Interesse, die Zuverlässigkeit einer solchen Komponente unabhängig vom Anforderungsprofil zu beschreiben, da dieses oft sehr vom gerade betrachteten Einsatz abhängt. Hierzu wird ein Vorgehen gewählt, daß man vielleicht am ehesten als eine "Änderung der Zeitbasis" beschreiben kann. Ist die in Kalenderzeit gemessene Lebensdauer keine unabhängige Zufallsvariable, so läßt sich eine andere Zufallsvariable finden, die unabhängig ist. Im Fall des Schalters ist dies die Anzahl der Betätigungen bis zu Ausfall, also eine diskrete Größe. Ihre Verteilung ist zwar sicherlich geeignet, um verschiedene Schalter zu vergleichen; um jedoch Systemzuverlässigkeit zu beschreiben, ist es erforderlich, die konkreten Einsatzbedingungen (hier also die Anzahl der Betätigungen) zu erfassen, um damit auf die Kalenderzeit umzurechnen.

In der Praxis erweisen sich für kontinuierliche Zeitbasen die Exponentialverteilung und für diskrete Zeiten die geometrische Verteilung als für viele Fälle geeignete Verteilungsgesetze [*Barlow*-65]. Beide lassen sich durch jeweils einen einzigen Parameter beschreiben, die Exponentialverteilung durch eine konstante Ausfallrate λ, die geometrische Verteilung durch eine Ausfallwahrscheinlichkeit pro Anforderung p. Diese Größen werden für die verschiedenen Komponenten durch statistische Auswertung von Betriebserfahrung erfaßt und stehen tabelliert in Datenbanken zur Verfügung (z. B. Systems Realibility Service der UKEA).

Bei der Bewertung komplexer Systeme, die u. U. redundante Komponenten enthalten, spielt auch die Dauer von Einzelausfällen eine Rolle. Es soll hier nicht näher auf die Verfahren zur Berechnung der Zuverlässigkeit eingegangen werden, sondern auf die Literatur [*Peters*-85] und auf die Richtlinien VDI 4008 - 4010 verwiesen werden. Es sei hier nur erwähnt, daß in solche Analysen die Unverfügbarkeit von Teilsystemen eingeht, und daß die analytisch schwer zu bestimmende Ausfallwahrscheinlichkeit durch die Ausfallhäufigkeit approximiert wird.

1.4.2 Die Gegebenheiten im Problemfeld der Softwarezuverlässigkeit

Die oben eingeführten Konzepte, daß die Ausfallwahrscheinlichkeit als die Kenngröße für Zuverlässigkeit gesehen wird, sowie die Tatsache, daß diese durch die Verteilungsfunktion der Lebensdauer gegeben ist, sind genereller Natur und gelten auch für Software. Es muß, hier wie dort, jedoch die Frage untersucht werden, ob die "Lebensdauer" eines Programms, d. h. die Zeit bis zum ersten Fehlverhalten, als unabhängige Zufallsgröße modelliert werden kann oder soll, oder ob es Einflußgrößen gibt, die signifikant die Lebensdauer beeinflussen.

Ähnlich, wie diese Frage bei Hardwarekomponenten verschiedene Antworten findet, ist dies auch bei Software so. Es ist ein Programm denkbar, das kontinuierlich während eines Beobachtungszeitraumes dieselbe Aufgabe wahrnimmt, z. B. das Messen oder Regeln einer Systemgröße. Es sind jedoch auch Programme denkbar, die nur in bestimmten Situationen zur Erfüllung einer Aufgabe benötigt werden. Auch Mischfälle sind denkbar, daß ein Programm nach einer Anforderung für eine bestimmte Dauer benötigt wird.

Da ein Programm nur dann ausfallen kann, wenn es läuft, hat es sich eingebürgert, nicht die Kalenderzeit, sondern die Rechenzeit bis zum Ausfall als unabhängige Zufallsgröße zu betrachten [*Musa*-75]. Wenn die Ausführung eines Programmes sich sinnvoll diskretisieren läßt, so kann man auch einen Programmlauf, z. B. einen Durchgang durch die Hauptschleife, als Zeitbasis ansetzen. Für eine Aussage über die Zuverlässigkeit ist es jedoch in jedem Fall erforderlich, diese Größen auf Kalenderzeit umzurechnen.

Ein weiterer Einflußfaktor ist die Verteilung der Eingangsdaten des Programms. Die meisten Modelle für Softwarezuverlässigkeit müssen die Annahme machen, daß die Voraussetzungen, unter denen das Programm eingesetzt wird, invariant sind, weil die Verteilung der Eingangsdaten nicht explizit in das Modell eingeht. Dies ist eine harte Einschränkung, insbesondere, wenn Messungen aus der Austestphase für den Betrieb des Programmes übernommen werden sollen. Das Problem ist durchaus bekannt; so wird z. B. in [*Bastani*-80] ein (nach Wunsch sogar zeitabhängiger) Faktor eingeführt, der die Variabilität bezüglich der Eingabeverteilung nachbilden soll, ohne daß dieser Faktor jedoch durch das Modell bestimmt werden könnte. Das Modell, das in Kapitel 4 vorgestellt wird, kann diese Verteilung explizit modellieren und ihren Einfluß berücksichtigen, hierzu muß allerdings diese Verteilung vorliegen, oder mit einigem Aufwand bestimmt werden.

Es läßt sich aber zeigen, daß eine einfachere Kenngröße eines Programms zur Abschätzung der Ausfallwahrscheinlichkeit dienen kann. Es handelt sich dabei um die Fehlerwahrscheinlichkeit

$$p_f = W \text{ (Das Programm enthält mindestens einen Fehler)} \qquad (1\text{-}4)$$

Betrachtet werde das Ausfallereignis für einen beliebigen Beobachtungszeitraum (t_R). Sei

A: Das Ereignis, daß das Programm ausfällt
B: Das Ereignis, daß das Programm Fehler enthält

Nun kann ein Programm nur ausfallen, wenn es Fehler enthält. Umgekehrt gilt das nicht unbedingt. Deshalb kann man schreiben

$$B \subseteq A \qquad (1\text{-}5)$$

Dies kann man in einem Venn-Diagramm nach Abb. 1-2 ausdrücken

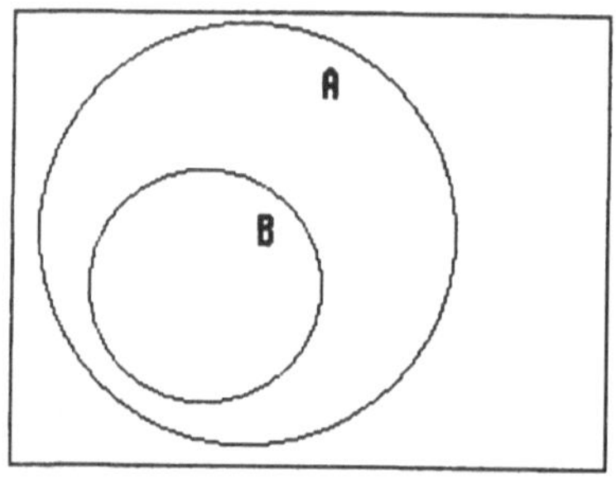

Abb. 1-2: ***Darstellung des Ausfall- und des Fehlerereignisses im Venn-Diagramm***

In diesem Fall gilt

$$W\{B\} \leq W\{A\} \text{ bzw.}$$

$$Q(t_R) \leq p_f \qquad (1\text{-}6)$$

Somit ist die Fehlerwahrscheinlichkeit, die nicht von den Eingabedaten abhängt, stets eine konservative Abschätzung für die Ausfallwahrscheinlichkeit. Das Ausmaß dieser Konservativität hängt sehr vom Einzelfall ab; bei großen Beobachtungszeiten ist eine geringere Konservativität zu erwarten, als bei kleinen.

Sofern ein Softwarezuverlässigkeitsmodell einen Wert für p_f liefert, wie die in Kapitel 4 und in Abschnitt 3.7 vorgestellten, kann man diesen generell als konservative Abschätzung für die Ausfallwahrscheinlichkeit benutzen, was eine erhebliche Vereinfachung der Analyse darstellt. Nur muß p_f für sinnvolle Anwendungen klein genug sein.

2. Der statistische Test von Software

Es kommen in der Praxis verschiedene Methoden zur Durchführung von Tests zur Anwendung. Aus der Fülle der möglichen Eingabedaten eines Programmes werden einige Testfälle ausgewählt, mit denen das Programm betrieben wird, um zu sehen, ob die Ergebnisse richtig sind. Die Auswahl kann völlig zufällig sein (black box Test), oder von einer bestimmten Strategie geleitet sein; z. B. kann gefordert werden, daß jede Funktion des Programmes vom Test erfaßt wird, daß jedes Teilstück des Programmes mindestens einmal durchlaufen wird o. ä. Obwohl man diese letzten Ansätze bisweilen als systematisch bezeichnet, beinhalten auch sie noch genügend zufällige Elemente, daß man sie als statistische Tests, bei der die Eingaben nach einer bestimmten Verteilung auftreten, auffassen kann.

2.1 Generelles zu statistischen Testverfahren

Zunächst soll hier allgemein der klassische statistische Test [*Menges*-68] rekapituliert werden, um dann Unterschiede und Gemeinsamkeiten zum Test eines Programmes zu untersuchen.

Aus einer Population mit N Elementen wird eine Probe des Umfangs k^* gezogen und untersucht. Hierbei werden x fehlerhafte Elemente gefunden. Falls jedes Element der Population mit der gleichen Wahrscheinlichkeit zur Probe gehört, ergibt sich als Schätzung für die Wahrscheinlichkeit, daß ein beliebiges Element der Gesamtpopulation fehlerhaft ist $\hat{p} = x / k^*$. Der tatsächliche Wert p liegt mit einer vorgegebenen Wahrscheinlichkeit innerhalb eines Konfidenzintervalles $(a_u / k^*, a_o / k^*)$ mit $a_u < x < a_o$. Falls $x = 0$, ist auch $a_u = 0$.

Im folgenden soll dieses Gedankengut auf die verschiedenen relevanten Informationen, die für ein Programm vorliegen können, übertragen werden. Es werden folgende Kategorien solcher Information unterschieden:

- Betriebserfahrung

- Test (-Debugging)-Erfahrung

- Kenntnis der Gesetzmäßigkeiten, nach denen die Eingabedaten anstehen

- Kenntnis der modularen Struktur des Programms

2.2 Vorgehensweise bei vorhandener Betriebserfahrung

Das oben andeutungsweise beschriebene Verfahren läßt sich am ehesten übertragen auf ein Programm, für das Betriebserfahrung vorliegt. Aus der Betriebszeit ist die Anzahl der Testfälle, die anstand, zurückzurechnen. Im allgemeinen müßte man diese Anzahl umrechnen auf eine Anzahl unterschiedlicher Testfälle; jedoch kann man bei den meisten Programmen davon ausgehen, daß sie wohl nie exakt dasselbe machen werden, weshalb dieser Aspekt im Rahmen dieser Vorüberlegungen vernachlässigt wird. Mit klassischen Verfahren läßt sich eine Ausfallwahrscheinlichkeit pro Testfall schätzen, aus der eine mittlere Lebensdauer folgen wird, die im günstigsten Fall, d. h. falls keine Ausfälle auftraten, in der Größenordnung der vorhandenen Betriebserfahrung liegen wird. Falls sich durch so ein Verfahren hinreichend große Lebensdauern nachweisen lassen, ist es völlig angemessen und ist auch bereits angewandt worden [*Ehrenberger*-84].

Schon bei einem so einfachen Verfahren, das scheinbar keinen einschränkenden Annahmen unterliegt, werden jedoch nicht alle Fehlermöglichkeiten abgedeckt. Es muß offensichtlich vorausgesetzt werden, daß das Programm in der neuen Anwendung auch das Problem löst, für welches es geschrieben wurde. Es wäre ein Programm, welches einen P-Regler (Proportionalregler) nachbildet, denkbar, das aufgrund einer sehr großen Betriebserfahrung mit einer an Null heranreichenden Ausfallwahrscheinlichkeit qualifiziert wurde. Würde dieses Programm an einer Stelle eingesetzt, wo eine andere Regelcharakteristik erforderlich ist, z. B. ein PI-Regler (Proportional-Integralregler), so würde es einen Ausfall bewirken, der von einem Ausfall aufgrund eines Programmfehlers kaum zu unterscheiden wäre. Sollen also Ergebnisse, die aus betrieblicher Erfahrung gewonnen wurden, auf künftige Anwendungen übertragen werden, so muß gewährleistet sein, daß dort nicht ein richtiges Programm an falscher Stelle eingesetzt wurde. Die Analyse, aufgrund der das erforderliche Verhalten eines Programmes festgelegt wurde, muß stimmen.

2.3 Vorgehensweise aufgrund der Testphase

Unter den quantitativen Softwarezuverlässigkeitsmodellen dominieren heute ganz klar diejenigen, die Erfahrungen aufgrund der Testphase bewerten [*Jelinski*-73, *Moranda*-75, *Littlewood*-74, *Musa*-75, *Goel*-79]. Generell wird ein sog. Zuverlässigkeitswachstumsprozeß angesetzt, der die Tatsache, daß während des Austestens Fehler gefunden und korrigiert wurden, berücksichtigen soll. Die Eingabedaten solcher Modelle bestehen aus Zeiten zwischen Fehlern, in der Regel in CPU-Zeit (Rechenzeit) gemessen. Während der Austestphase führt jeder Ausfall, der bemerkt wird, zu einer Programmänderung, die entweder (bei einfacheren Modellen) den Fehler korrigiert, oder dies doch mit einer gewissen Wahrscheinlichkeit bewirkt. Obwohl für die Zeiten zwischen Fehlern verschiedene Verteilungen und Wachstumsgesetze angesetzt wurden, besteht heute recht einhellig die Meinung, daß die Zeiten zwischen den Fehlern exponentialverteilt sind. Außerdem erscheint es erwiesen, daß in den meisten vorhandenen Datensätzen das Wachstumsgesetz eher geometrischer Natur ist. Es ist möglich, auch Abhängigkeiten, die über das Wachstumsgesetz hinausgehen, zu modellieren, wie es im Abschnitt 3.6 gezeigt wird. Dies wurde für einige Datensätze aus der Literatur untersucht [*Becker*-87]; in solchen Fällen, wo keine solche Abhängigkeite in den Daten vorhanden war, degenerierte daß Modell zu dem bekannten geometrisch-exponentiellen Modell von Moranda [*Moranda*-75].

Auch für diese Zuverlässigkeitswachstumsmodelle gilt die obige Einschränkung, daß die Konzeption stimmen muß, damit die Ergebnisse aus dem Test auf den realen Einsatz übertragbar sind. Zusätzlich ist das Problem bekannt, daß das Programm in der Testphase genauso beansprucht werden muß, wie in der nachfolgenden Betriebsphase; einige Modelle versuchen, dies durch konstante oder gar zeitlich veränderliche Faktoren global zu berücksichtigen, was jedoch das Problem auf die Quantifizierung dieser Faktoren verlagert und es somit nur scheinbar löst. Auch für diese Modelle gilt, daß sie Lebensdauern in der Größenordnung der letzten fehlerfreien Laufzeiten als Ergebnis liefern, so daß eine Anwendung bei höchsten Anforderungen an die Zuverlässigkeit nur sehr bedingt in Frage kommt.

2.4 Berücksichtigung des Operationsprofils eines Programmes

Grundgedanke und Motivation der Berücksichtigung des Operationsraumes bzw. -profils eines Programmes ist die Tatsache, daß das Verhalten eines Programmes prinzipiell reproduzierbar ist; d. h., wenn man ein Programm zweimal unter denselben Bedingungen startet und dieselbe Eingabe zur Verfügung stellt, so wird es sich in beiden Fällen identisch verhalten. Dies bedeutet jedoch, daß ein solcher einzelner Testfall, den das Programm erfolgreich absolviert, auch in Zukunft auf keinen Fehler laufen wird, zumindest, wenn die Eingabedaten alle zur Lösung der Aufgabe wesentlichen Informationen enthalten (siehe auch Abschnitt

2.6). Wenn durch Tests ein signifikanter Teil aller möglichen Eingaben abgedeckt ist, so sind möglicherweise nur noch wenige Fälle vorhanden, die auf Fehler führen können. Dies berücksichtigen Modellansätze, die das Operationsprofil einbeziehen.

Das Operationsprofil eines Programmes soll zunächst begrifflich eingeführt werden, bevor dessen Berücksichtigung diskutiert wird.

Die Ausführung eines Programmes auf einem Rechner kann komplex und unübersichtlich sein. Gerade Echtzeit-Programme zur Prozeßsteuerung laufen in der Regel ständig über Monate oder sogar Jahre. Es ist sinnvoll, gerade in solchen Fällen das Konzept eines Programmlaufes einzuführen, den man sich als ein einmaliges Durchführen der Sequenz Eingabe - Verarbeitung - Ausgabe vorstellen kann. Bei zyklisch ablaufenden Programmen entspricht dies einem Durchgang durch die Hauptschleife, bei interruptgesteuerten Programmen dem Abarbeiten der entsprechenden Interrupt-Routine. Um den Lauf abzuarbeiten, ist eine bestimmte Anzahl von Eingabegrößen erforderlich. Eine Realisation all dieser Eingabegrößen bestimmt zusammen mit den Werten der vom Programm verwendeten internen Speicher die Ausgabe. Eine solche Realisation der Gesamtheit der Eingabegrößen bezeichnet man als Eingabezustand, der das Auftreten des korrespondierenden Ausgabezustandes bewirkt. Die Menge aller Eingabezustände bildet den Eingaberaum [*Littlewood*-73], die der Ausgabezustände den Ausgaberaum. Das Programm stellt demzufolge eine Transformationsvorschrift des Eingaberaumes auf den Ausgaberaum dar.

Nun ist das Verhalten des Programmes jedoch im allgemeinen nicht durch den Eingabezustand vollständig beschrieben, sondern es kann, wie oben erwähnt, auch von den Werten interner Speicher abhängen, die ihrerseits von früheren Eingabezuständen abhängen, deren Ergebnis wiederum von früheren Werten der internen Speicher beeinflußt wird. Das bedeutet: Um einen Ausgangszustand des Programmes zu bestimmen, muß man im allgemeinen alle Eingangszustände der Vergangenheit kennen.

Dieses Dilemma wird durch das Konzept des Operationsraumes [*Littlewood*-79, *Bastani*-80, *Ramamoorthy*-80] umgangen. Wenn die Abhängigkeit eines Laufes von der Vergangenheit lediglich implizit besteht, sich jedoch explizit in einer Abhängigkeit von den Werten interner Speicher ausdrücken läßt, so kann man die internen Speicher wie Eingangsvariablen betrachten, wenn eine solche Abhängigkeit von früheren Läufen besteht. Damit ist ein Operationszustand eines Programmes definiert als eine Realisation aller für einen Lauf benötigten Eingabevariablen und der zusätzlich benötigten internen Speicher. Der Operationsraum ist wiederum die Menge aller Operationszustände. Mit dem Operationszustand ist vollständig festgelegt, was in einem gegebenen Programm geschieht, so auch, ob es zu einem Ausfall kommt oder nicht. Die Menge der Operationszustände, die zum Ausfall führen, ist die Fehlerdomäne des Programmes und eine Teilmenge des Operationsraumes.

Um zu quantitativen Aussagen zu gelangen, benötigt man noch Information darüber, mit welcher Wahrscheinlichkeit die einzelnen Zustände des Operationsraumes anliegen. Diese Information (zusammen mit dem Operationsraum) stellt das Operationsprofil eines Programmes dar. Wie man sieht, läßt sich aus Operationsprofil und Fehlerdomäne eines Programmes die Ausfallwahrscheinlichkeit für einen Lauf bestimmen.

Ein mathematisches Modell, welches auf Betrachtung des Teils des Operationsprofils, der durch den Test abgedeckt ist, beruht, wird im Abschnitt 4.2 vorgestellt.

Ein Vorteil einer Modellierung eines Programmes aufgrund seines Operationsprofils ist sicherlich, daß die direkte Abhängigkeit des Zuverlässigkeitslevels, für den ein Programm qualifiziert werden soll, von der Testdauer, wie er bei den anderen Verfahren vorliegt, durchbrochen wird. Damit wären - ein Operationsraum von hinreichend geringer Mächtigkeit vorausgesetzt - auch hohe Lebensdauern praktisch nachweisbar. Dieser Vorzug wird aber durch den Nachteil erkauft, daß Fehler im Operationsprofil selber nicht erfaßt werden können, da ein Modell, welches das Operationsprofil explizit berücksichtigt, von dem des zu testenden Programmes ausgehen muß. Ein typischer Fall für solche Fehler wäre, daß bei der Umsetzung der Spezifikation in ein Programm eine Variable vergessen wurde, wodurch fehlerhaft eine wesentlich geringere Mächtigkeit des Operationsraumes vorgetäuscht wird.

Zusätzlich zu der bei den oben beschriebenen Ansätzen erforderlichen Korrektheit des Konzepts, die selbstverständlich auch hier vorausgesetzt werden muß, ist also erforderlich, daß alle Freiheitsgrade dieses Konzepts auf entsprechende Variable des Programms abgebildet wurden, was mit anderen Verfahren nachgewiesen werden muß.

2.5 Berücksichtigung der modularen Struktur eines Programmes

Vielfach wurde in der Literatur [*Littlewood*-75, *Shooman*-76] der Gedanke eingeführt, einige der Schwierigkeiten bei der Analyse von Softwarezuverlässigkeit dadurch zu lösen, daß nicht ganze Programme, sondern kleinere Einheiten, z. B. die Pfade oder die Moduln eines Programmes Gegenstand der Untersuchung sind. Die Vorteile eines solchen Verfahrens lägen auf der Hand. Zum einen gilt die Eigenschaft der Individualität, die den Vergleich und die Kategorisierung von Programmen so ungemein erschwert, auf der Ebene von kleineren Einheiten vielleicht nur eingeschränkt und auf der Ebene von einzelnen Statements überhaupt nicht. Könnte man z. B. die einzelnen Sprachkonstrukte mit Ausfallwahrscheinlichkeiten belegen, aus denen dann ein

Wert für das Programm errechnet würde, so wären die aus der Zuverlässigkeitstheorie für Hardware bekannten Verfahren [*Barlow*-65], aufgrund der Komponentendaten auf die Systemeigenschaften zu schließen, sofort übertragbar, ohne daß eine neue Theorie erforderlich wäre.

Die Modelle, die die modulare Struktur von Programmen berücksichtigen, lassen sich grob in solche, die die Moduln als Knoten eines Markovprozesses darstellen [*Littlewood*-75, *Cheung*-80], und solche, die global die Häufigkeiten, mit denen die Module bzw. Pfade aufgerufen werden, ansetzen [*Shooman*-76]. Alle diese sog. Mikromodelle haben durchweg die Eigenschaft, daß sie die Ausfallwahrscheinlichkeiten der Module als bekannt voraussetzen. Da sie es in der Regel aber nicht sind, zeigt sich hier die Schwierigkeit solcher Modelle: Generell lassen sich solche Daten nämlich nicht angeben. Vielmehr wird die Ausfallwahrscheinlichkeit eines Moduls im allgemeinen vom Kontext des Programmes abhängen. Darüber hinaus sind sogar Ausfälle denkbar, die keinem Modul zugeordnet werden können.

Beispielhaft hierfür wird ein Programm betrachtet, das die Summe dreier Zahlen bildet. Es könnte die in Abb. 2-1 gezeigte Struktur haben.

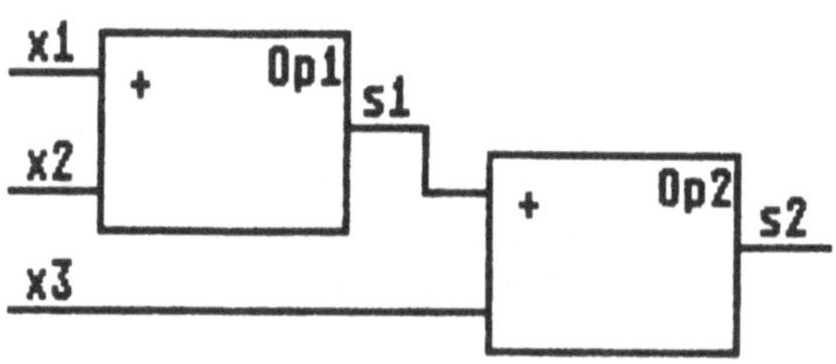

Programmcode:

$s_1 := x_1 + x_2$

$s_2 := s_1 + x_3$

Abb. 2-1: *Ein dreifacher Addierer als Beispiel für ein modulares Programm*

Falls x_1, x_2 und x_3 16-bit-Variable sind, sind bei globaler Betrachtung für einen vollständigen Test 2^{48} Läufe erforderlich. Betrachtet man jedoch die beiden Module getrennt, so hängt jedes von 32 bit ab, so daß eine erheblich geringere Anzahl von Testläufen für einen vollständigen Test hinreicht. In der Tat sind auch hier 2^{32} Testläufe erforderlich. Dieses auf den ersten Blick verblüffend anmutende Ergebnis wird klar, wenn man sich vergegenwärtigt, daß eine Vielzahl von Kombinationen von x_1 und x_2 auf jeweils einen einzigen Wert von s_1 abgebildet wird. Wenn man nun dafür sorgt, daß jeder Wert von s_1 mit einem neuen Wert von x_3 auftritt, werden alle Elemente der Operationsräume sowohl von Op_1 als auch von Op_2 einmal getroffen. Zur Verdeutlichung dient die Tabelle in Abb. 2-2, die für einen dreifachen 2-bit-Summierer die 16 erforderlichen Testfälle enthält.

x1	x2	s1	x3
00	00	00	00
01	11	00	01
10	10	00	10
11	01	00	11
00	01	01	00
01	00	01	01
10	11	01	10
11	10	01	11
00	10	10	00
01	01	10	01
10	00	10	10
11	11	10	11
00	11	11	00
01	10	11	01
10	01	11	10
11	00	11	11

Abb. 2-2: *Tabelle der 16 Testfälle für den dreifachen 2-bit-Summierer*

Nun werden nicht alle Algorithmen sich so gutmütig verhalten, wie dieser dreifache Summierer. Seine hervorstechende Eigenschaft, die diesen Test erst ermöglicht, ist, daß jede Ausprägung von s_1 gerade so häufig auftaucht, wie es Ausprägungen von x_3 gibt, so daß jede Kombination von x_1 und x_2 nur einmal aufzutreten braucht. Auch wird die Situation komplizierter, sobald Variablen auftreten, die von der Vergangenheit abhängen, da man diese nicht nach Belieben setzen kann. Jedoch zeigt dieses Beispiel, daß die Kenntnis, welche Werte der abhängigen Variablen eines Programm-Moduls angenommen wurden, hinreicht, um eine Aussage über die Vollständigkeit eines Tests zu machen, was dieses Modul anbelangt.

Diese Argumentation stimmt aber nur, wenn das gegebene Problem tatsächlich durch einen solchen dreifachen Addierer gelöst wird und nicht für bestimmte Fälle ein ganz anderes Verhalten erforderlich ist. Angenommen, es gäbe für eine bestimmte Kombination von x_1, x_2 und x_3 eine Ausnahme, so wäre diese nicht durch einen Test wie oben abgedeckt. Nur Fehler innerhalb der Moduln könnten auf diese Weise entdeckt werden. Das heißt aber, daß die Korrektheit der modularen Struktur durch ein Mikromodell nicht erfaßt wird und auf andere Weise nachgewiesen werden muß.

2.6 Zusammenfassung der Voraussetzungen für statistische Tests

Im folgenden wird der Versuch unternommen, die oben im einzelnen ermittelten Voraussetzungen für die verschiedenen Testmodelle zu systematisieren. Dabei wird für die Entwicklung des Programmes von folgendem groben, jedoch für den beabsichtigten Zweck hinreichenden Phasenmodell ausgegangen. Es wird davon ausgegangen, daß folgende Teilschritte für die Erstellung des Programmes notwendig sind:

- Konzeptionierung: Genaue Festlegung, welche Funktionen das Programm bieten soll. (Resultat: Leistungsbeschreibung)

- Entwurf: Genaue Festlegung, auf welche Weise die Funktionen realisiert werden sollen. (Resultat: Entwurfsspezifikation)

- Kodierung: Umsetzung der Spezifikation in ein lauffähiges Programm

- Test: Nachweis, daß das Programm seine Aufgaben korrekt erfüllt.

Diese Begriffe wurden hier so gewählt, um Inkonsistenzen zu vermeiden; so ist an Stelle von Konzeptionierung auch der Begriff "Spezifikation" gebräuchlich, der im Zusammenhang mit den Beweisverfahren jedoch eher im Sinne von Entwurfsspezifikation benutzt wird.

Es sind andere Phasenmodelle bekannt [*DGQ-NTG*-86, *Balzert*-82], die die Entwicklungsschritte feiner aufteilen, die ferner Tests oder andere Kontrollen begleitend zu jedem der Schritte betonen und so den eigentlichen (Abnahme)-Test in seiner Bedeutung relativieren. Außerdem werden Wartung und Archivierung als zusätzliche Phasen nach der Fertigstellung des Programmes eingeführt. Dies ist jedoch hier nicht erforderlich, da es hier nur um die eigentliche Entwicklungsarbeit zu gehen braucht.

Ferner werden die folgenden fünf Testmodelle unterschieden:

1. in-situ black-box test
   Das Programm wird in der geplanten Umgebung unter realen Bedingungen eingesetzt und dabei beobachtet, ob es das gewünschte Verhalten aufweist.

2. Auswertung vorhandener betrieblicher Erfahrung.
   Die Betriebszeit, die das Programm in anderen Anwendungen hatte, wird als Testzeit für die geplante Anwendung aufgefaßt.

3. ex-situ black-box test
   Das Programm wird in einer Testumgebung getestet, die den geplanten betrieblichen Einsatz abdeckt, aber u. U. höhere Anforderungen an das Programm stellt, als tatsächlich zu erwarten sind; falls während des Tests erkannte Fehler behoben werden, sind die Zuverlässigkeitswachstummodelle hier einzuordnen.

4. Auf den Operationsraum basierende Testmodelle
   Der Operationsraum des Programmes, d. h. die Menge aller Zustände, die es annehmen kann, geht explizit in das Testmodell ein.

5. Auf die Moduln basierende Testmodelle (Mikromodelle)
   Aus vorhandener Information über die Zuverlässigkeit von Substrukturen des Programmes (Modulen im allgemeinsten Sinne), sowie aus Information, wie oft die Module aufgerufen werden, wird die Zuverlässigkeit des Programmes ermittelt. Ein Test findet im Extremfall nur noch auf der Modulebene statt.

Für diese fünf Kategorien werden im folgenden die erforderlichen Voraussetzungen und Möglichkeiten aufgeführt.

Kategorie 1: Es sind keine Voraussetzungen erforderlich, außer, daß das Verhalten des Programmes in hinreichendem Maße beobachtbar sein muß. Der erforderliche Aufwand ist jedoch erheblich, da ein solcher Test nur dann praktikabel ist, wenn es eine diversitäre, nicht auf das Programm basierende Problemlösung gibt, die für die Dauer des Tests einen Betrieb des Systems gestattet. Ohne eine solche Lösung müßten unkalkulierbare Kosten in Kauf genommen werden, falls es zum Fehlverhalten des Programmes kommt. Eine Qualifizierung ist möglich für Lebensdauern in der Größenordnung der aufgewandten Testzeit.

Kategorie 2: Es muß vorausgesetzt werden, daß das Programm für die neue Anwendung in gleicher Weise geeignet ist, wie für die alte. Dies bedeutet, daß innerhalb des oben eingeführten Phasenmodells die Konzeption korrekt sein muß. Eine Qualifizierung ist möglich für Lebensdauern in der Größenordnung der vorhandenen Betriebsdauer.

Kategorie 3: Zusätzlich zur korrekten Konzeption muß die Umsetzung derselben in eine Testumgebung korrekt sein. Insbesondere bei Echtzeitaufgaben muß die Testumgebung mit dem Programm so interagieren wie die konzipierte Betriebsumgebung, und es muß eine Unterscheidung möglich sein, ob daß Verhalten fehlerhaft ist, oder nicht. Eine Qualifizierung ist möglich für Lebensdauern in der Größenordnung der letzten fehlerfreien Testzeiten. Hierbei wird ein besseres Konfidenzniveau erreicht, als bei den obigen Kategorien, da mit den älteren Laufzeiten mehr Information einfließt.

Kategorie 4: Der Operationsraum des Problems muß im Programm korrekt abgebildet sein. Dies setzt voraus, daß, zumindest in diesem Punkt, nicht nur die Konzeption, sondern auch Entwurfspezifikation und Programm korrekt sind. Ein Nachweis hierfür ist im allgemeinen schwer; durch eine Analyse der im Problem enthaltenen Freiheitsgrade und einer Zuordnung derselben zu Programmvariablen könnte diese Anforderung in vielen Fällen erfüllt werden. Es lassen sich, sofern der Operationsraum von hinreichend geringer Kardinalität ist und das Programm hinreichend oft ausgeführt werden kann, auch Lebensdauern, die größer als die Testdauer sind, qualifizieren.

Kategorie 5: Die modulare Struktur, soweit sie in die Analyse eingeht, muß korrekt sein. Diese Einschränkung ist insbesondere bei feinen modularen Zerlegungen u. U. nicht leicht zu verifizieren. Abgesehen von einer korrekten Konzeption müssen Entwurfspezifikation und Programm in diesem Punkt korrekt sein. Ein Nachweis dürfte nur bei einfachen und klar gegliederten Problemen, deren Lösung bereits Stand der Technik ist, möglich sein. Eine Kombination der Kategorien 4 und 5 erlaubt die Qualifizierung für Lebensdauern, die groß sind gegenüber der Testzeit, da die Module generell nur einen Operationsraum verhältnismässig geringer Kardinalität haben. Allerdings muß die Korrektheit der modularen Struktur auf andere Weise nachgewiesen werden.

Zusammenfassend läßt sich sagen, daß die Voraussetzungen der Kategorien 1, 2 und 3 in den meisten Fällen, allerdings bei u. U. erheblichem Testaufwand, erfüllbar sind, während dies in den beiden anderen Kategorien schwieriger ist und im Einzelfall geprüft werden muß. Eine korrekte Konzeption ist in jedem Fall außer dem ersten zu fordern; bei den Kategorien 4 und 5 kommt hinzu, daß Teile der Spezifikation und deren Umsetzung ins Programm nicht erfaßt werden können. In den folgenden Absätzen werden zunächst Zuverlässigkeitswachstummodelle behandelt und danach ein auf die modulare Struktur und auf den Operationsraum basierendes Modell eingeführt, das dann vorteilhaft ist, wenn die obigen Voraussetzungen erfüllt sind.

2.7 Die Bayes'sche Methode als Ansatz zur Integration verschiedener Informationskategorien in eine Zuverlässigkeitsaussage

Angesichts der Fülle an Information verschiedener Art, die zur Schätzung der Zuverlässigkeit eines Programms herangezogen werden kann, ist es als ein Nachteil der vorhandenen Modelle (siehe Kapitel 3) anzusehen, daß jedes von ihnen nur die Information einer Kategorie berücksichtigt. Es stellt sich unmittelbar die Frage, ob es nicht möglich sei, die Gesamtheit der vorhandenen Information zu einer sicheren Aussage heranzuziehen. Prinzipiell können hier Bayes' sche Verfahren herangezogen werden. Dies hat stets eine subjektive Komponente; z. B. würde man die Information aus den Anfängen der Austestphase mit heranziehen, so bestünde die Möglichkeit, daß es das Programm, für das diese Information einmal galt, nicht mehr gibt. Dennoch soll das Bayes' sche Verfahren in diesem Abschnitt generell eingeführt werden und im Kapitel 6 zur Integration der Resultate eines Zuverlässigkeitsmodells in die probabilistische Bewertung eines Abnahmetests angewandt werden.

Formal läßt sich der Satz von Bayes folgendermaßen formulieren:

Gegeben sei ein beliebiges Ereignis A und ein vollständiges Ereignissystem $\underline{B}=(B_1, B_2, \ldots)$, d. h. $\bigcup B_i = E$ (sicheres Ereignis) $B_i \cap B_j = \{\}$ (unmögliches Ereignis). Dann gilt

$$W\{B_i \mid A\} = \frac{W\{A \mid B_i\}\, W\{B_i\}}{\sum\limits_{\forall j} W\{A \mid B_j\}\, W\{B_j\}} \qquad (2\text{-}1)$$

Diese Formel wird folgendermaßen angewandt: Die $W\{B_i\}$ bezeichnet man als Priorverteilung für das Ereignis, daß eines der möglichen $\underline{B}$ eintritt, worin kein Wissen bezüglich des Ereignisses A einfließt, jedoch jegliche andere Information über $\underline{B}$. Nachdem das Ereignis A eingetreten ist, von dem man aufgrund der bekannten bedingten Wahrscheinlichkeiten weiß, daß es bei bestimmten B_i wahrscheinlicher ist als bei anderen, ändert sich das Wissen um die Verteilung der B_i, d. h. man wird in Zukunft das Eintreten des Ereignisses A "zur Kenntnis nehmen", indem man für die B_i die bedingte Wahrscheinlichkeit ansetzt, die auch als Posteriorverteilung der B_i bezeichnet wird.

Beispielhaft sei die Schätzung der Ausfallrate einer Hardwarekomponente betrachtet [*Apostolakis*-80]. Hierbei ergibt sich die folgende Situation: Zum einen kann man aus verschiedenen Zuverlässigkeitsdatenbanken sog. generische Information über die betreffende Art einer Komponente abfragen. Solche Datenbanken werden in der Regel nicht alle denselben Wert für eine Ausfallrate liefern; d. h. die so gewonnenen Daten sind mit Unsicherheiten behaftet. Diese Unsicherheiten werden dadurch berücksichtigt, daß man die Ausfallrate nicht durch einen konstanten Wert beschreibt, sondern als Zufallsgröße mit einer gegebenen Verteilung. Häufig geben die Quellen bereits Kennwerte dieser Verteilung an; üblicherweise handelt es sich bei Ausfallraten um die zweiparametrige Log-Normalverteilung, die durch den Medianwert und einen Streufaktor beschrieben wird. Diese Verteilung $f(\lambda)$ wird als Priorverteilung der Ausfallrate λ angesetzt. Liegt nun über die zu untersuchende Komponente auch spezifische Information vor, z. B., daß genau diese Komponente in einem bestimmten Beobachtungszeitraum T_B gerade k mal ausgefallen ist, so ergibt eine Anwendung der Bayes'schen Methode

$$f(\lambda \mid K=k) = \frac{W\{K=k \mid \lambda\}\, f(\lambda)}{\int\limits_{(\lambda)} W\{K=k \mid \lambda\}\, f(\lambda)\, d\lambda} \qquad (2\text{-}2)$$

Hierbei genügt die Anzahl der Ausfälle im Beobachtungszeitraum einer Poissonverteilung mit Parameter λT_B, so daß alle Größen auf der rechten Seite der Gleichung bekannt sind. Die hieraus zu ermittelnde Posteriorverteilung der Ausfallrate berücksichtigt die generische, sowie die spezifische Information, die über die zu analysierende Komponente vorliegt und wird als Beschreibung der für diese Komponente verbleibenden Unsicherheiten bezüglich der Ausfallrate verwendet. Diese Verteilung kann z. B. benutzt werden, um Punktschätzungen und Konfidenzintervalle für die Ausfallrate zu gewinnen, oder sie kann direkt in eine Analyse zur Ermittlung der Verteilungen von Zuverlässigkeitskenngrößen des Systems, in dem die Komponente eingebettet ist, einfließen.

Während der Satz von Bayes an sich aus den Grundaxiomen der Wahrscheinlichkeitslehre gefolgert werden kann [*Menges*-68] und somit gewissermaßen unanfechtbar ist, ist die Art seiner Anwendung stark von subjektiven Entscheidungen des Analytikers geprägt. So liegt im obigen Beispiel sowohl die generische, als auch die spezifische Information bereits vor, so daß die Entscheidung, welche von beiden als Prior und welche als Zusatzinformation zu sehen ist, nicht sofort auf der Hand liegt. Auch die Frage, welche generische Information als möglicherweise für die Komponente zutreffend erachtet wird, kann nur subjektiv für den Einzelfall gefällt werden.

Diese subjektiven Einflüsse, wie sie für Bayes'sche Analysen typisch sind, machen die Methodologie zwar nicht "fragwürdig", jedoch stets "hinterfragbar". Dies muß auch für den in Kapitel 6 unternommenen Versuch gelten, Information aus dem Zuverlässigkeitswachstummodell, wie sie aus der Austestphase vorliegt, bei der Wahl der Priorverteilung für die Kardinalität der Fehlerdomäne, die zur probabilistischen Bewertung eines stochastischen Abnahmetests erforderlich ist, zu berücksichtigen. Dies ist nur unter zwar plausiblen, jedoch stets hinterfragbaren Annahmen möglich.

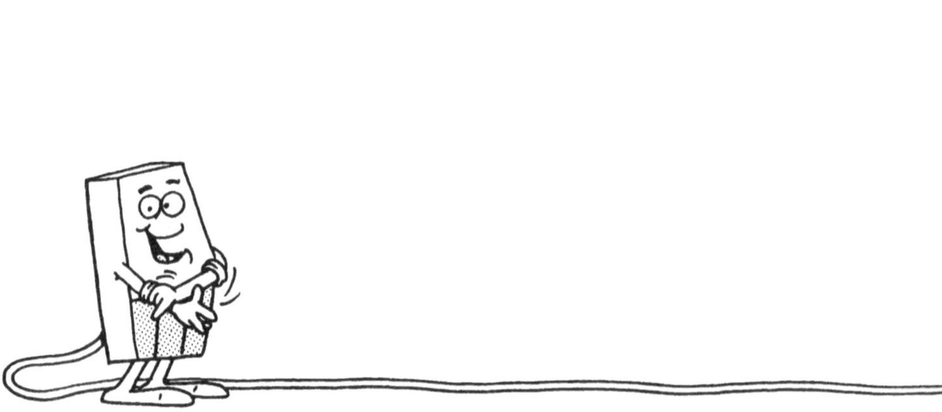

3. Zuverlässigkeitswachstummodelle

Ein Zuverlässigkeitswachstummodell geht von der Annahme aus, daß die Zuverlässigkeit durch bestimmte, u. U. zufällige Ereignisse systematisch beeinflußt wird. Die Abfolge dieser Ereignisse wird im folgenden als die treibende Ressource bezeichnet. Als Ressource im Software-Zuverlässigkeitswachstumprozeß bietet sich das Ausfall- und damit Fehlerkorrekturereignis an; es werden aber auch andere Resourcen angesetzt, so zum Beispiel Austestzeit und in Personenstunden gemessener Austestaufwand [*Musa*-87].

Während der letzten Jahre wurde eine große Zahl von Modellen nach Art der Zuverlässigkeitswachstum-Modelle veröffentlicht und begründet. Eine umfangreiche Bibliographie befindet sich in [*Dhillon*-83]. Sie unterscheiden sich nach der zugrunde gelegten treibenden Resource, nach der Art ihres Einflusses und nach der angesetzten Lebensdauerverteilungsfunktion, sowie der Zeitbasis. Im folgenden soll ein solches Modell aus den zugrunde liegenden Annahmen abgeleitet werden.

3.1 Das binominale Modell

Es wird von folgenden Annahmen ausgegangen [*Musa*-87]:

1. Wenn ein Fehler auftritt, wird er sofort erfolgreich beseitigt.

2. Zum Zeitpunkt $t = 0$ befinden sich u_0 Fehler im Programm.

3. Das Operationsprofil und die Lage der Fehler im Programm sind so geartet, daß jeder Fehler a nach einer zufälligen Zeit T_a einen Ausfall verursacht. Diese Zeiten

seien unabhängig voneinander alle nach der Verteilungsfunktion F_a (t) verteilt.

Selbstverständlich sind diese Annahmen relativ grob: so können in großen Programmen Fehler auftreten, die entweder nicht beseitigt werden können oder bei deren Beseitigung neue Fehler auftreten. Auch die Annahme 3, die besagt, daß alle Fehler etwa die gleiche Wirkung haben, trifft bei einem inhomogenen Operationsprofil nicht zu. Trotzdem gelangt man zu Modellen, die das Verhalten vieler Datensätze gut nachbilden. Da die Daten, die gemessen werden, Ausfallzeitpunkte oder Zeiten zwischen Ausfällen sind, sollte ein Modell Informationen zur Verteilung dieser Größen liefern. Seien T_i, i = 1,2,... alle Ausfallzeitpunkte und T'_i, i = 1,2,... die Zeiten zwischen aufeinanderfolgenden Ausfällen, so daß $T_i = T_{i-1} + T'_i$. Ferner sei N(t) die Anzahl der bis zum Zeitpunkt t erfolgten Ausfälle.

Man betrachte nun die beiden Ereignisse

E1 : Bis zum Zeitpunkt t fanden mindestens i Ausfälle statt $(N(t) \geq i)$

E2 : Die Zeit bis zum i-ten Ausfall ist höchstens t $(T_i \leq t)$

Anhand der Abb. 3-1 kann man sich klarmachen, daß die beiden Ereignisse identisch sind, d. h.

$$E1 \equiv E2 \qquad (3\text{-}1)$$

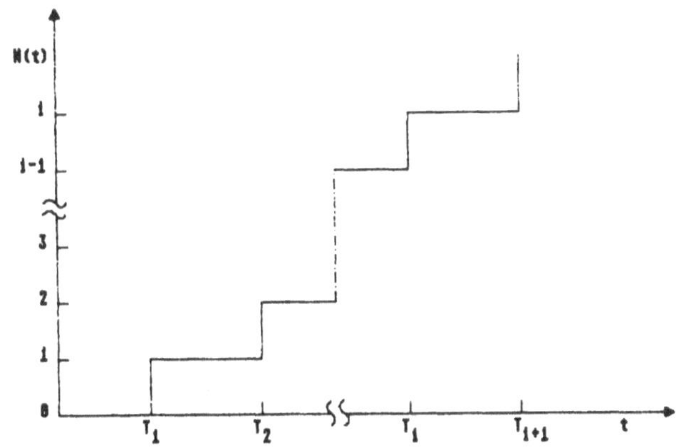

Abb. 3-1: *Zusammenhang der Größen N(t) und T_i*

Demzufolge gilt:

$$F_i\ (t) = W\ \{T_i \leq t\} = W\ \{N(t) \geq i\} \tag{3-2}$$

Die rechte Seite von (3-2) stellt die reziproke Verteilungsfunktion der Größe N (t) dar. Hier handelt es sich um eine diskrete Verteilung, da N nur ganzzahlige Werte annehmen kann.

Bis zum Zeitpunkt t hat jeder der u_0 Fehler mit der Wahrscheinlichkeit $p = F_a\ (t)$ einen Ausfall verursacht. Das Ereignis N = i entspricht dem Ereignis, daß i Fehler aufgetreten sind und u_0 - i Fehler nicht, wobei es $\binom{u_0}{i}$ mögliche Kombinationen gibt.

Somit erhält man

$$\begin{aligned} W\ \{N\ (t) = i\} &= \binom{u_0}{i}\ p^i\ (1 - p)^{u_0 - i} \\ &= \binom{u_0}{i}\ (F_a\ (t))^i\ (1 - F_a\ (t))^{u_0 - i} \end{aligned} \tag{3-3}$$

Hierbei handelt es sich um die Binominalverteilung, von der dieses Modell seinen Namen hat. Damit erhält man für die Verteilungsfunktion:

$$F_i\ (t) = \sum_{j=i}^{u_0} \binom{u_0}{j} (F_a\ (t))^j\ (1 - F_a\ (t))^{u_0 - j} \tag{3-4}$$

Von Interesse ist auch die bedingte Verteilung für T_i, wenn die Realisation von T_{i-1} bekannt ist. Sie dient zur Beantwortung der Frage nach den Charakteristika des nächsten Ausfallzeitpunktes, nachdem der letzte eingetreten ist. Aus (3-1) und Abb. 3-1 kann man wiederum schließen, daß sich aus dem Ereignis $T_{i-1} \le t$ sofort $N(t) \ge i-1$ folgern läßt. Deshalb gilt für die gesuchte Funktion

$$\begin{aligned} F_i\ (t \mid T_{i-1} = t_{i-1}) &= W\ \{N\ (t) \ge i \mid N\ (t_{i-1}) = i - 1\} \\ &= \sum_{j=i}^{u_0} W\ \{N\ (t) = j \mid N\ (t_{i-1}) = i - 1\} \\ &\qquad (\text{wobei } t > t_{i-1}) \end{aligned} \tag{3-5}$$

Für die Summanden der rechten Seite von (3-5) gilt analog zur Argumentation für (3-3): Es sind ab dem Zeitpunkt t_{i-1} noch u_0-(i-1) Fehler im Programm. Damit N(t)=j wird, müssen davon noch j-(i-1) Fehler bis zum Zeitpunkt t auftreten. Die Wahrscheinlichkeit, daß ein Fehler im betreffenden Intervall zum Ausfall führt, ist durch die bedingte Lebensdauer-Verteilung gegeben, d. h.

$$p = F_a\ (t \mid t > T_{i-1}) \tag{3-6}$$

Damit erhält man die modifizierte Binominal-Verteilung

$$F_i\ (t \mid T_{i-1} = t_{i-1}) =$$

$$\sum_{j=i}^{u_0} \binom{u_0 - (i-1)}{j - (i-1)} p^{j-(i-1)} (1-p)^{u_0-(i-1)-(j-(i-1))} \tag{3-7}$$

Sei $u_0^{`} = u_0 - (i-1)$ und $k=j-(i-1)$. Damit wird (3-7) zu

$$F_i\ (t \mid T_{i-1} = t_{i-1}) = \sum_{k=1}^{u_0^{`}} \binom{u_0^{`}}{k} p^k (1-p)^{u_0^{`}-k} \tag{3-8}$$

Ferner gilt

$$F_i\ (t \mid T_{i-1} = t_{i-1}) = \left(\sum_{k=0}^{u_0^{`}} \binom{u_0^{`}}{k} p^k (1-p)^{u_0^{`}-k} \right) - (1-p)^{u_0^{`}} \tag{3-9}$$

Die eingeklammerte Summe in (3-9) beschreibt das Ereignis, daß $0,1,2,\ldots u_0^{`}$ von $u_0^{`}$ möglichen Fehlern auftreten. Dies ist das sichere Ereignis: somit ist die Summe gleich 1 und

$$\begin{aligned} F_i\ (t \mid T_{i-1} = t_{i-1}) &= 1 - (1-p)^{u_0^{`}} \\ &= 1 - (1 - F_a\ (t \mid T > t_{i-1}))^{u_0-(i-1)} \end{aligned} \tag{3-10}$$

Da t_i und $t_i^{`}$ bis auf die Konstante t_{i-1} identisch sind, folgt sofort:

$$F_i\ (t^{`} \mid T_{i-1} = t_{i-1}) =$$

$$= 1 - (1 - F_a\ (t_{i-1} + t^{`} \mid T_{i-1} + T^{`} > t_{i-1}))^{u_0-(i-1)} \tag{3-11}$$

Diese Formel läßt sich weiter vereinfachen, wenn man die zugehörigen Ausfallraten $\lambda_i\ (t' \mid T_{i-1} = t_{i-1})$ und $\lambda_a\ (t)$ betrachtet. Bekanntlich gilt generell:

$$F(t) = 1 - e^{-\int_0^t \lambda(x)\,dx} \tag{3-12}$$

Für $F_a\ (T \mid t > t_{i-1})$ gilt nach der Gleichung

$$W\{A \mid B\} = W\{A \cap B\} / W\{B\}$$

$$W\{T_a \le t \mid T \ge t_{i-1}\} = \frac{W\{T_a \le t \cap T > t_{i-1}\}}{W\{T \ge t_{i-1}\}} =$$

$$= \frac{F_a(t) - F_a(t_{i-1})}{1 - F_a(t_{i-1})} \tag{3-13}$$

Aus (3-12) und (3-13) ergibt sich:

$$F_a(t \mid t > t_{i-1}) = \frac{1 - e^{-\int_0^t \lambda_a(x)\,dx} - 1 + e^{-\int_0^{t_{i-1}} \lambda_a(x)\,dx}}{1 - e^{-\int_0^{t_{i-1}} \lambda_a(x)\,dx}}$$

$$= 1 - e^{-\int_{t_{i-1}}^{t} \lambda_a(x)\,dx} \tag{3-14}$$

bzw. mit $t = t_{i-1} + t'$

$$F_a(t' \mid t' > 0) = 1 - e^{-\int_{t_{i-1}}^{t_{i-1}+t'} \lambda_a(x)\,dx} \tag{3-15}$$

Diese Gleichung (3-15) wird in (3-11) eingesetzt:

$$F_i \ (t' \mid T_{i-1} = t_{i-1}) = 1 - e^{-(u_0 - i + 1) \int_{t_{i-1}}^{t_{i-1} + t'} \lambda_a (x) \, dx} \tag{3-16}$$

Mit der Gleichung $\lambda \ (t) = \frac{f \ (t)}{1 - F \ (t)}$ erhält man:

$$\lambda_i \ (t' \mid T_{i-1} = t_{i-1}) = (u_0 - i + 1) \ \lambda_a \ (t_{i-1} + t') \tag{3-17}$$

Gleichnung (3-17) zeigt, daß die Ausfallrate eines Programmes von der Anzahl der übrig gebliebenen Fehler und vom letzten Ausfallzeitpunkt abhängt. Zu den Ausfallzeitpunkten weist sie Diskontinuitäten der Höhe λ_a (t) auf, (siehe Abb. 3-2)

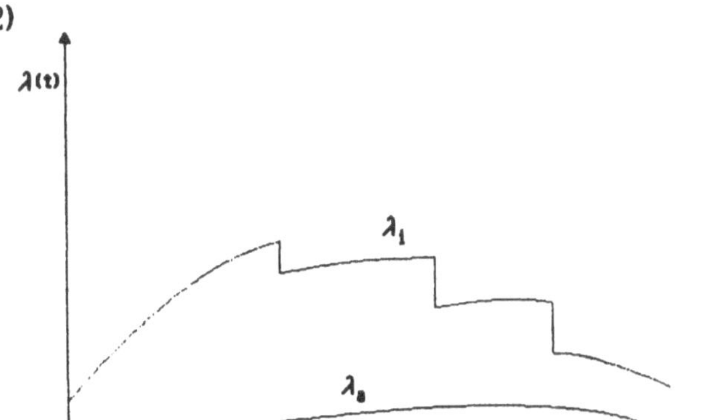

Abb. 3-2: *Zusammenhang zwischen der einem einzelnen Fehler zugeordneten Ausfallrate eines Fehlers λ_a mit der des gesamten Programmes (λ_I)*

3.2 Das Jelinski-Moranda Modell

Eine naheliegende Vereinfachung des oben gefundenen binominalen Modells wäre die Wahl von λ_a (t) = const. Dazu sind folgende Annahmen notwendig.

Es wird ein Programm betrachtet, das über keine internen Speicher von der Vergangenheit abhängt, d.h., das Operationsprofil ist mit dem Eingabeprofil identisch. Über das Eingabeprofil wird angenommen, daß eine Fehlerdomäne existiert, deren Elemente zufällig und unabhängig von der jeweiligen Vorgeschichte mit der Wahrscheinlichkeit p ausgewählt werden. Das Programm sei so schnell, daß es jede der unregelmäßig mit einer Häufigkeitsdichte h eintreffenden Anforderungen ohne Zeitkonflikte erfüllen kann, daß also die Dauer eines Laufs zu vernachlässigen ist.

Es soll die Verteilungsfunktion der Lebensdauer und die Ausfallrate des Programms bestimmt werden: In einem hinreichend großen Zeitraum t wird das Programm k = h * t mal aufgerufen werden. Das heißt:

$$\begin{aligned} W\,\{\text{Ausfall in } (0,t)\} &= 1 - W\,\{\text{kein Ausfall in } (0,t)\} \\ &= 1 - (1-p)^k \\ &= 1 - (1-p)^{ht} = F\,(t) \end{aligned} \tag{3-18}$$

Für die Ausfallrate gilt:

$$\lambda\,(t) = \frac{f\,(t)}{1 - F\,(t)} = \frac{-\,h\,(1-p)^{ht}\,\ln\,(1-p)}{(1-p)^{ht}}$$

$$= -\,h\,\ln\,(1-p) = \text{const} \tag{3-19}$$

Es zeigt sich also, daß ein gedächtnisloses Programm, das einem gedächtnislosen Eingabeprofil unterworfen ist, eine exponentialverteilte Ausfalldauer aufweist. (Anmerkung: Für $p \ll 1$ gilt: $-\ln(1-p) \approx p$, so daß man $\lambda \approx hp$ ansetzen kann).

Nun sind reale Programme, wie oben bereits ausgeführt, durchaus gedächtnisbehaftet, und reale Operationsprofile auch. Dieses Gedächtnis hängt in seiner zeitlichen Ausdehnung vom Programm selber bzw. von den im kontrollierten System vorhandenen Zeitkonstanten ab. Oft sind diese Zeitkonstanten klein. Da die Zeiträume, die in Zuverlässigkeitsuntersuchungen interessieren, eher im Bereich von Monaten oder Jahren liegen, kann man schließen, daß das Ausfallverhalten von ständig laufenden Programmen durch eine exponentialverteilte Lebensdauer näherungsweise gut beschrieben werden kann.

Unter den oben gemachten Voraussetzungen läßt sich das Ausfallverhalten eines Programmes in der Betriebsphase bei kontinuierlichem Betrieb durch eine konstante Ausfallrate annähern. Dieses Verhalten läßt sich dem binominalen Modell aufprägen, wenn man in (3-17) $\lambda_a(t) = \varphi = \text{const}$ setzt. Dann wird

$$\lambda_i\,(t' \mid T_{i-1} = t_{i-1}) = (u_0 - i + 1)\,\varphi = \lambda_i \qquad (3\text{-}20)$$

unabhängig von t_{i-1}.

Dieses Modell ist zuerst von Jelinski und Moranda beschrieben worden [*Jelinski*-73]. Es ist das älteste und bekannteste Modell für Softwarezuverlässigkeit. Mit geeigneten Verfahren, die hier nur erwähnt werden sollen (Maximum-Likelihood-Methode, Least Square Verfahren, Bayes'sche Schätzung) kann man Schätzwerte $\hat{u}_0$ und $\hat{\varphi}$ aus einer Folge von t_i bestimmen, die während des Austestens aufgezeichnet wurden. Daraus ergibt sich sofort die verbleibende, durch die nicht entdeckten Restfehler bedingte Ausfallrate des Programmes unter Testbedingungen, die gegebenenfalls noch an die realen Betriebsbedingungen angepaßt werden muß.

3.3 Das geometrische De-Eutriphikationsmodell von Moranda

Ein Kritikpunkt an den binominalen Modellen, besonders auch am Jelinski-Moranda-Modell, ist die zugrunde liegende Annahme, daß alle Fehler im Programm das Ausfallverhalten gleichartig beeinflussen. Dies ist in der Praxis oft nicht haltbar; vielmehr wird es einige Fehler im Programm geben, die einen größeren Anteil an der Fehlerdomäne haben als andere. Solche Fehler haben die Tendenz, früh aufzutreten, und ihre Behebung hat einen verhältnismäßig großen Einfluß auf die Ausfallrate [*Trachtenberg*-85]. Nun zeigen ausfallfreie Laufzeiten von Programmen, wenn man sie im halblogarithmischen Maßstab gegen den Index aufträgt (siehe Abb. 3-3) häufig einen annähernd linearen Trend.

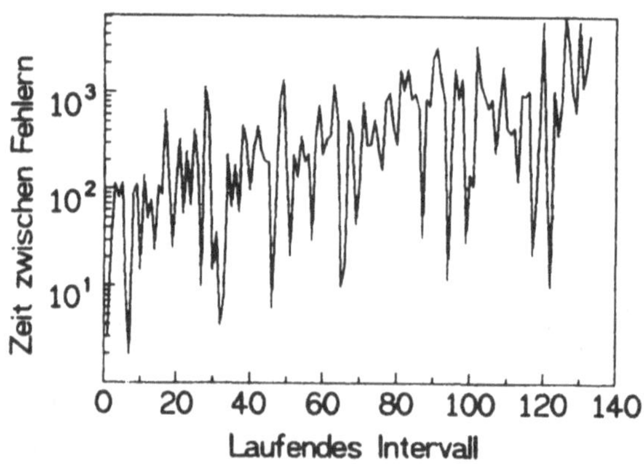

Abb. 3-3: *Ausfallfreie Zeiten eines Programmes (Musa)*

Dieser Trend läßt sich ausdrücken als

$$\ln \overline{T}_{i-1} - \ln \overline{T}_i = \text{const} = k \tag{3-21}$$

oder

$$\frac{\overline{T}_{i-1}}{\overline{T}_i} = e^k = r \tag{3-22}$$

Dabei ist $\overline{T}_i = E\{T_i\} = \frac{1}{\lambda_i}$, so daß

$$\frac{\lambda_i}{\lambda_{i-1}} = r \quad \text{bzw.} \quad \lambda_i = \lambda_1 \, r^{i-1} \tag{3-23}$$

Diese Variante wurde von Moranda [*Moranda*-75] einige Jahre nach dem Jelinski-Moranda-Modell entwickelt. Der Name resultiert daraus, daß die Ausfallrate sich nach den Gesetzmäßigkeiten einer geometrischen Folge verringert. In [*Trachtenberg*-85] wird das geometrische Verhalten aus Teststrategie abgeleitet, die die Funktionen des Programmes nacheinander erfaßt.

3.4 Das Modell von Littlewood und Verrall

Einen geeigneten Ansatz, um die Annahme konstanter Ausfallraten gegen reale Daten zu prüfen, ist das Modell von Littlewood und Verrall [*Littlewood*-74]. In diesem Modell wird, um eine gewisse Variabilität der Ausfallrate zuzulassen, diese letztere als γ-verteilte Zufallsvariable aufgefaßt. Um einen Zuverlässigkeitswachstumprozeß abbilden zu können, verschiebt sich der Lageparameter dieser γ-Verteilung für jede Ausfallzeit in Richtung zu kleineren Medianwerten. Für die Verteilung der fehlerfreien Laufzeiten ergibt sich unter diesen Voraussetzungen eine Paretoverteilung, deren korrespondierende Ausfallrate monoton fällt. Ein gutes Kriterium, um das Ausmaß der Variabilität der Ausfallrate abzuschätzen, ist sicherlich die Breite der angegebenen Verteilung, die sich z. B. durch die relative Standardabweichung quantifizieren läßt. Sollte diese sich als gering herausstellen, so wäre dies ein Beleg für die oben theoretisch abgeleitete konstante Ausfallrate.

Dazu soll im folgenden der Datensatz herangezogen werden, der in der Originalveröffentlichung zur Illustration des Littlewood-Verrall Modells benutzt wurde, da hierfür die Schätzungen für die Parameter bereits vorliegen.

Für die γ-verteilte Ausfallrate gilt die Verteilungsdichte

$$f(\lambda) = \frac{\beta^{\alpha}}{\alpha} \lambda^{\alpha-1} e^{-\beta\lambda} \text{ , mit } \lambda \geq 0 \qquad (3\text{-}24)$$

wobei

λ: Ausfallrate einer fehlerfreien Laufzeit des Programms
α: Formparameter der γ-Verteilung
β: Lageparameter der γ-Verteilung

Um den Trend in den Daten zu erfassen, wird schließlich

$\beta = \psi\ (i, \underline{\beta})$ gesetzt mit

i: Laufindex der betrachteten fehlerfreien Laufzeit
ψ: Monoton wachsende Funktion von i
$\underline{\beta}$: β_0, β_1 Parameter von ψ

Mit der Maximum-Likelihood-Methode werden die drei freien Parameter des Modells α, β_0 und β_1. Abb. 3-4 zeigt einen Datensatz, und entsprechende Schätzungen für 5 ψ-Funktionen, die [*Littlewood*-73] entnommen sind.

i	1	2	3	4	5	6	7	8	9	10	11	12
t_i (Tage)	9	12	4	20	94	72	9	36	37	70	6	115

ψ (i, $\underline{\beta}$)		ψ (13, $\hat{\underline{\beta}}$)	$\hat{\alpha}$	$\hat{\lambda}(13)$
A.	$\beta_0+\beta_1 i^2$	332472.1	2153.51	0.007041
B.	$\exp(\beta_0+\beta_1 i)$	$40.7331*10^9$	$0.2014*10^9$	0.005358
C.	$\beta_0 i+\beta_1 i^2$	486131.1	4164.94	0.009281
D.	$\beta_0+\beta_1 i$	265838	2823.73	0.01151
E.	$\beta_0+\beta_1 i^3$	1205427	5.8755	0.005280

Abb. 3-4: *Ein Datensatz mit Parameterschätzungen für das Littlewood-Verrall Modell*

Um die Ergebnisse besser beurteilen zu können, werden Erwartungswert und Varianz der γ-Verteilung betrachtet. Es gilt:

$$E\,\{\lambda\} = \frac{\alpha}{\beta} \qquad \text{var}\,\{\lambda\} = \frac{\alpha}{\beta^2} \tag{3-25}$$

Die relative Standardabweichung als Maß für die Breite der Verteilung ergibt sich zu

$$s_n\,\{\lambda\} = \frac{\sqrt{\text{var}\,\{\lambda\}}}{E\,\{\lambda\}} = \frac{1}{\sqrt{\alpha}} \tag{3-26}$$

Akzeptiert man die Größe s_n als Maß für die stochastischen Einflüsse, die die Ausfallrate zu einer Zufallsgröße machen, so folgt hieraus, daß ein großer Wert für α vorzuziehen ist, da ein solches Modell den in den Daten vorhandenen Trend weitestgehend in der ψ-Funktion wiedergibt, anstatt eigentlich systematische Veränderungen zu stochastischen Unsicherheiten im Rahmen der Modellierung zu machen. Wie man leicht finden kann [*Becker*-87], liegen die relativen Streuungen der ersten 4 Modelle allesamt im Bereich weniger Prozent, so daß sie allesamt geeignet erscheinen, den Trend in diesem Datensatz zu modellieren. Den kleinsten Wert (im Subpromillbereich) hat mit $s_n = 7.5*10^{-5}$ das Modell B. Es soll deshalb etwas genauer untersucht werden.

Setzt man Variante B in die Gleichung für den Erwartungswert ein, so ergibt sich

$$E\{\lambda\} = \frac{\alpha}{\exp(\beta_0+\beta_1 i)} = [\alpha e^{-(\beta_0+\beta_1)}]*[e^{-\beta_1}]^{i-1} = \lambda_1 r^{i-1} \tag{3-27}$$

wobei $\lambda_1 = \alpha e^{-(\beta_0+\beta_1)}$ und $r = e^{-\beta_1}$

Das entspricht dem oben bereits vorgestellten geometrischen Modell von Moranda. Da sich andere Datensätze ähnlich verhalten, könnte man das Littlewood-Verrall Modell interpretieren als eine Methode, durch Überparametrisierung das Vorliegen einer konstanten Ausfallrate, die bei Fehlerkorrekturen um einen konstanten Faktor kleiner wird, nachzuweisen.

3.5 Der nicht-homogene Poissonprozeß

Wie einleitend erwähnt, wird bei einem Zuverlässigkeitswachstumsprozeß der Einfluß einer Ressource auf das Ausfallverhalten modelliert. Eine naheliegende, jedoch nicht zwingende Wahl für diese Ressource ist das Ausfall- (und damit Reparatur-) Ereignis, wie sie in den vorangegangenen Modellen getroffen wurde. Andere Autoren sehen die Zeit, die ein Programm ausgetestet wird, als treibende Ressource an. Das heißt, es gibt keine Funktion λ_i, wie bei den vorigen Modellen, sondern ein λ (t), gemäß dem Ausfälle generiert werden. Diese Annahmen führen auf nicht-homogene Poissonprozesse (NHPP) [*Musa*-87, *Goel*-79] auf die in diesem Rahmen nicht näher eingegangen, sondern auf [*Musa*-87] verwiesen werden soll.

Für die oben beschriebenen Modelle einer Ausfallrate, die linear mit der Anzahl der erfahrenen Ausfälle sinkt, und einer Ausfallrate, die exponentiell mit der Anzahl der erfahrenen Ausfälle sinkt, gibt es Pendants, wobei bei den NHPPs nicht die Anzahl der Ausfälle. sondern deren Erwartungswert als abhängige Größe eingeht. NHPP-Modelle sind in ihrer Fähigkeit, gemessene Ausfallzeiten von Programmen zu modellieren, nicht von ihren Pendants zu unterscheiden; wegen der fehlenden Diskontinuitäten in der Ausfallrate ist die mathematische Beschreibung an manchen Punkten einfacher; während es z. B. kein geometrisches binominales Modell gibt, ist ein geometrisches NHPP-Modell durchaus möglich [*Goel*-79].

3.6 Ein Modell zur Berücksichtigung von Abhängigkeiten

Nachdem aufgrund von Literaturstudien und eigenen Untersuchungen sich herauskristallisiert hat, daß fehlerfreie Laufzeiten exponentialverteilt sind und Fehlerkorrekturen die Ausfallraten gemäß den Gesetzmäßigkeiten einer geometrischen Folge sinken lassen, stellt sich damit fast zwangsläufig die Frage, ob damit denn alles, was ein Satz von Laufzeitdaten hergibt, ausgeschöpft ist. Um dies zu untersuchen, wurde von den Daten, wie sie in der Literatur zu finden sind, ausgegangen. Diese Daten wurden als abstrahierte Zeitreihe aufgefaßt und mit den Methoden der Zeitreihenanalyse (Box und Jenkins) untersucht. Die Resultate dieser Untersuchung finden sich in [*Becker*-87].

Eine Analyse nach Box und Jenkins setzt sich aus den Phasen Trendbereinigung, Modellbildung und Parameterschätzung zusammen. Die Trendbereinigung läßt sich unter der Annahme, daß es sich um einen geometrischen Trend handelt, sofort dergestalt vornehmen, daß die Folge der Differenzen der Logarithmen der fehlerfreien Laufzeiten betrachtet wird. Bei den untersuchten Datensätzen war hier kein Trend mehr zu erkennen.

Abhängigkeiten können prinzipiell beliebiger Natur sein; eine Analyse ist jedoch im allgemeinen nur unter der Annahme der Linearität möglich. Dies führt zu den in [*Box*-76] und [*Chatfield*-80] behandelten ARIMA-Prozessen, deren Untersuchung besonders in [*Box*-76] sehr ausführlich beschrieben wird. An dieser Stelle soll nur das Nötigste rekapituliert werden. Ausgangspunkt dieser Modellvorstellung ist eine Zeitreihe aus unabhängigen Zufallszahlen, die in der Literatur als normalverteilt angenommen wird und als "weißes Rauschen" bezeichnet wird. Die Annahme der Normalverteilung ist allerdings nur für die statistische Absicherung der Ergebnisse erforderlich.

Eine Linearkombination aus vergangenen Werten dieser Folge a_t bildet die real erfahrene Folge z_t , d.h.

$$z_t = \sum_{k=0}^{t} \Theta_k a_{t-k} \tag{3-28}$$

oder

$$z_t = \Theta_t * a_t$$

wobei * das Symbol für die diskrete Faltung und Θ_t eine Übertragungsfunktion ist.

In solchen Fällen, in denen die Θ_k ab einem kleinen Wert $k > M$ sämtlich Null sind, ist dieses Modell unmittelbar zur theoretischen Nachbildung einer Zeitreihe nützlich, da dann ein Modell mit wenigen Parametern vorliegt. In diesem Fall spricht man von einem moving-average-Prozeß der Ordnung M, für den insgesamt folgende Gleichung gilt:

$$\tilde{z}_t = z_t - \mu = a_t + \sum_{k=0}^{M} \Theta_k a_{t-k} \qquad (3\text{-}29)$$

z_t: t-tes Glied der betrachteten Zeitfolge
μ_t: Mittelwert der Zeitfolge
a_t: t-tes Glied einer unkorrelierten, um Null normalverteilten Folge von Zufallszahlen
Θ_k: k = 1...M moving-average-Parameter

Bildet man die Autokorrelationsfunktion eines moving-average-Prozesses der Ordnung M, so läßt sich zeigen [*Box*-76], daß nur die ersten M Glieder von Null verschieden sein können. Dies stellt einen wesentlichen Faktor in der Identifizierung von moving-average-Prozessen dar: Die Autokorrelationsfunktion (akf) sollte nach wenigen von Null verschiedenen Werten abbrechen. Bildet man die empirische akf von vorhandenen Datenbeständen, so stellt sich generell heraus, stets der erste, oft aber auch die beiden ersten Werte sich deutlich von Null unterscheiden (für ein Beispiel siehe [*Becker*-87]), während danach die Kurve sehr nahe um den Nullwert pendelt. Deshalb wird für das Modell gefolgert:

> Die Differenzen der logarithmisch transformierten Zeitreihe bilden einen moving-average-Prozeß zweiter Ordnung.

Nun läßt sich leicht zeigen, daß die Differenzen einer Folge unkorrellierter Zufallszahlen, sofern diese Differenzenfolge schwach stationär ist, einen moving-average-Prozeß erster Ordnung bilden muß. Stellt es sich heraus, daß bei diesen Differenzen zwei Werte der akf von Null verschieden sind, so ist zu folgern, daß die fehlerfreien Laufzeiten nicht statistisch unabhängig sind!

Dieses Ergebnis ist bedeutsam, weil in der Regel die Modelle davon ausgehen, daß die Ausfallzeiten bis auf den Trend unabhängig voneinander sind, während die Analyse vorhandener Daten zeigt, daß dies nicht zutrifft. Es geht nun darum, die in den Daten vorhandene Information weitestgehend auszuschöpfen, um bezüglich der Ausfallrate zu sicheren Ergebnissen zu kommen. Deshalb soll im folgenden ein Modell entwickelt werden, welches die Berücksichtigung solcher Abhängigkeiten gestattet.

Unmittelbar aus der vorangegangenen Annahme eines moving-average-Prozesses folgt für die Ausfallzeiten T_t:

$$\ln T_t - \ln T_{t-1} = z_t$$

$$z_t = r + a_t + \Theta_1 a_{t-1} + \Theta_2 a_{t-2} \qquad (3\text{-}31)$$

(r gibt den Trend an)

Für diese Gleichungen könnte man die freien Parameter schätzen. Nun liegt der Gedanke nahe, daß ein durch Differenzenbildung entstandener moving-average-Prozeß zweiter Ordnung vorher ein entsprechendes Verhalten erster Ordnung aufweisen könnte. Dieses Phänomen soll hier untersucht werden: Trifft dies nämlich für den betrachteten Prozeß zu, so läge eine Überparametrierung vor, d.h. anstelle von Θ_1 und Θ_2 hätte ein Parameter Θ dieselbe Aussagekraft. Betrachtet man den moving-average-Prozeß erster Ordnung

$$\tilde{y}_t = a_t + \Theta\, a_{t-1} \tag{3-32}$$

so ergibt einmaliges Differenzenbilden

$$\begin{aligned}\tilde{z}_t &= y_t - y_{t-1} \\ &= a_t + \Theta\, a_{t-1} - a_{t-1} - \Theta\, a_{t-2} \\ &= a_t + (\Theta - 1)\, a_{t-1} + (-\Theta)\, a_{t-2}\end{aligned} \tag{3-33}$$

und somit

$$\begin{aligned}\Theta_1 &= \Theta - 1 \\ \Theta_2 &= -\Theta \qquad \text{(durch Koeffizientenvergleich)}\end{aligned} \tag{3-34}$$

Durch Bilden der entsprechenden Erwartungswerte kann man die ersten beiden Autokorrelationskoeffizienten des moving-average-Prozesses zweiter Ordnung ermitteln, welche hier lediglich angegeben werden:

$$\gamma_1 = \frac{\Theta_1\,(1 + \Theta_2)}{1 + \Theta_1^2 + \Theta_2^2}$$

$$\gamma_2 = \frac{\Theta_2}{1 + \Theta_1^2 + \Theta_2^2} \tag{3-35}$$

Nach Einsetzen ergibt sich:

$$\gamma_1 = \frac{-\,(\Theta-1)^2}{1 + (\Theta-1)^2 + \Theta^2}$$

$$\gamma_2 = \frac{-\Theta}{1 + (\Theta-1)^2 + \Theta^2} \qquad (3\text{-}36)$$

Hieraus folgt, wie man durch Substitution leicht prüfen kann:

$$\gamma_1 + \gamma_2 = -\frac{1}{2} \qquad (3\text{-}37)$$

Dieses Ergebnis, das sich anhand von realen Daten überprüfen läßt [*Becker*-87], begründet die Annahme, daß das beobachtete Verhalten 2. Ordnung der Differenzen durch ein moving-average-Verhalten 1. Ordnung in der ursprünglichen Zeitreihe verursacht wurde. Aufgrund des Trends läßt sich dies aber nicht direkt beobachten, da die Autokorrelationsfunktion einer instationären Zeitreihe nicht definiert ist.

Die bisher aufgeführten Ergebnisse lassen sich wie folgt zusammenfassen:

Die Logarithmen der fehlerfreien Laufzeiten

- weisen einen linearen Trend auf,
- zeigen ein moving-average-Verhalten erster Ordnung.

Daraus ergibt sich folgendes Modell:

$$\ln T_t = E\{\ln T_t\} + a_t + \Theta\, a_{t-1} \qquad (3\text{-}38)$$

und aufgrund des linearen Trends

$$\ln T_t = E\{\ln T_{t-1}\} + d + a_t + \Theta\, a_{t-1} \qquad (3\text{-}39)$$

mit

T_t: t-te fehlerfreie Laufzeit

d : Ausmaß des Trends; Differenz der Erwartungswerte zweier aufeinanderfolgender T_t

Unter der Voraussetzung, daß alle T_j bis T_{t-1} bekannt sind, ergibt sich analog zum Vorgehen in [*Box*-76] durch Bildung bedingter Erwartungswerte:

$$E\{\ln T_t \mid \ln T_{t-1}\} = E\{\ln T_{t-1}\} + d + E\{a_t \mid \ln T_{t-1}\} + \Theta\, E\{a_{t-1} \mid \ln T_{t-1}\} \qquad (3\text{-}40)$$

Unter der Voraussetzung, daß die a_t unabhängige Zufallszahlen sind, folgt:

$$E\{a_t \mid \ln T_{t-1}\} = 0, \qquad \text{jedoch}$$

$$E\{a_{t-1} \mid \ln T_{t-1}\} = \ln T_{t-1} - E\{\ln T_{t-1} \mid \ln T_{t-2}\} \qquad (3\text{-}41)$$

Für den Erwartungswert $E\{\ln T_{t-1}\}$ wird gleichfalls der bedingte Erwartungswert $E\{\ln T_{t-1} \mid \ln T_{t-2}\}$ gesetzt, so daß sich als Schätzformel ergibt:

$$E\{\ln T_t \mid \ln T_{t-1}\} = E\{\ln T_{t-1} \mid \ln T_{t-2}\} + d + \Theta\,(\ln T_{t-1} - E\{\ln T_{t-1} \mid \ln T_{t-2}\}) \qquad (3\text{-}42)$$

Aus diesem Modell sind nun die λ_t, die Parameter der zugrundeliegenden Exponentialverteilungen für die fehlerfreien Laufzeiten zu bestimmen. Da eine Schätzgleichung lediglich für $E\{\ln T_t\}$ existiert, wird dieser Erwartungswert für exponentialverteilte T_t ermittelt:

$$E\{\ln T_t\} = \int_0^\infty \lambda_t \ln t_t \exp(-\lambda_t t_t)\, dt_t \qquad [u = \lambda_t t_t]$$

$$= \int_0^\infty \ln u \exp(-u)\, du - \ln \lambda_t \int_0^\infty \exp(-u)\, du$$

$$= - C - \ln \lambda_t \qquad (3\text{-}43)$$

$C = 0{,}5772\ldots$ (Eulersche Konstante)

Damit ist die Beziehung zum Modell formal hergestellt. Es ergibt sich durch Einsetzen:

$$- C - \ln \lambda_t =$$

$$- C - \ln \lambda_{t-1} + d + \Theta (\ln T_{t-1} + C + \ln \lambda_{t-1})$$

bzw.

$$\lambda_t = \lambda_{t-1}\, r\, (T_{t-1}\, \lambda_{t-1}\, C)^{-\Theta} \qquad [r = \exp(-d)]$$

$$(3\text{-}44)$$

Hier wird nun nicht mehr die zu erwartende Laufzeit geschätzt, sondern der Parameter ihrer Verteilung. Wenn man die freien Parameter der obigen Gleichung (3-44) (in diesem Fall mit der Maximum-Likelihood Methode) schätzt, so zeigt sich [*Becker*-87], daß für in der Literatur vorgefundene Datensätze sehr unterschiedliche Werte für Θ gefunden werden. Für Datensätze von geringem Umfang, wie z. B. der oben angegebene von Littlewood, nimmt Θ von Null verschiedene Werte an, während dieser Parameter für große Datensätze (wie dem von Musa) sehr nahe an Null geschätzt wird. Offensichtlich ist Θ ein Maß für die Abhängigkeiten, die in den Daten vorhanden sind; sind die Laufzeiten bis auf den Trend unabhändig, so ist $\Theta = 0$, und das

Modell reduziert sich zu dem wohlbekannten geometrischen De-Eutriphikationsprozeß von Moranda [*Moranda*-75].

3.7 Ein Wachstummodell für die Fehlerwahrscheinlichkeit eines Programmes

Bisher werden Wachstummodelle, wenn überhaupt, nur für umfangreiche, komplexe Pragramme angewandt, die nach allgemeiner Auffassung nie fehlerfrei werden. Deshalb stoßen sie auf Grenzen, sobald sie auf ein einfaches Programm angesetzt werden, daß, nachdem es hinreichend getestet ist, keine Fehler mehr enthält. Hier schafft ein Modell Abhilfe, daß die am Abschnitt 1.4.2 eingeführte Fehlerwahrscheinlichkeit mit einbezieht. Zu diesem Zweck wird im folgenden ein Modell vorgestellt, daß im Rahmen einer Bayesschen Argumentation die Fehlerkorrektur als eine Linksverschiebung der Verteilungsdichtefunktion der Ausfallrate deutet. Es ist in der hier dargestellten Form jedoch nicht autark, sondern es setzt auf ein beliebiges Wachstummodell auf. Dies ist als Vorteil anzusehen, weil dadurch bei geringerem Modellierungsaufwand eine hohe Flexibilität erreicht wird.

Zusätzlich zu den zwischen den Fehlern gemessenen Laufzeiten t_i werden im folgenden die Größen $\Delta_i = \lambda_i - \lambda_{i-1}$ als bekannt vorausgesetzt. Sie bilden ein Maß für den Einfluß der i-ten Korrektur auf die Ausfallrate und sind einem gängigen Wachstummodell zu entnehmen. Des weiteren wird eine Größe t^*, die fehlerfreie Laufzeit seit dem letzten Fehler, berücksichtigt.

Betrachtet man das Ereignis des erstmaligen Ausfalls eines Programms nach einer Laufzeit der Länge t_1, so läßt sich die bedingte Verteilungsdichte $f(\lambda \mid t_1)$ unter Anwendung des Satzes von Bayes wie folgt darstellen:

$$f(\lambda | t_1) = \frac{f(t_1 | \lambda)\, g(\lambda)}{\int_0^\infty f(t | \lambda)\, g(\lambda)\, d\lambda} \tag{3-45}$$

mit geeignetem g (λ)

Liegt die Information vor, daß die erste Lebensdauer t_1 betrug, so gilt für die Likelihood - Funktion:

$$f(\lambda | t_1) = \lambda\, e^{-\lambda t_1} \tag{3-46}$$

Unter Annahme eines gleichmäßigen Priors, g (λ) = const, liefert dies

$$f(\lambda | t_1) = \frac{\lambda\, e^{-\lambda t_1}}{\int_0^\infty \lambda\, e^{-\lambda t_1}\, d\lambda} = \lambda\, t_1^2\, e^{-\lambda t_1} \tag{3-47}$$

Die Korrektur des Fehlers bewirkt nun eine Änderung der Ausfallrate λ um Δ_1. Bei dieser Abbildung werden alle $\lambda \leq \Delta_1$ auf $\lambda_1 = 0$ projiziert. Dies bedeutet, daß $\lambda_1 = 0$ eine feste, von Null verschiedene Wahrscheinlichkeit erhält, die in der Verteilungsdichte einem Diracstoß an dieser Stelle entspricht (siehe Abb. 3-5).

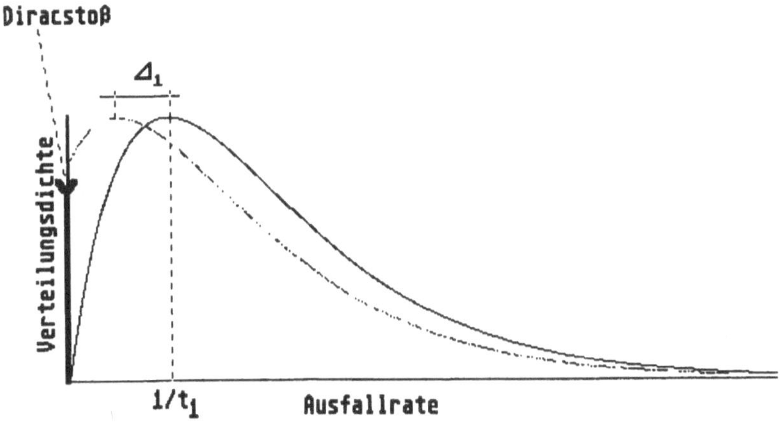

Abb. 3-5: *Einfluß der ersten Korrektur auf die Posteriorverteilung von λ*

Formal lautet die Verteilungsdichte von λ nach der ersten Korrektur

$$f(\lambda | t_1) =$$

$$\delta(\lambda) \int_0^{\Delta_1} \lambda t_1^2 e^{-\lambda t_1} \, d\lambda + (\lambda + \Delta_1) \, t_1^2 \, e^{-(\lambda + \Delta_i) t_1} \tag{3-48}$$

mit $\delta(\lambda) = \begin{cases} \neq 0 \text{ für } \lambda = 0 \\ = 0 \text{ sonst} \end{cases}$ $\qquad \int_{-\infty}^{\infty} \delta(\lambda) \, d\lambda = 1$

Bei der Betrachtung des Ereignisses erneuten Ausfallens des Programms nach einem Zeitintervall der Länge t_2 wird sie als neuer Prior angesetzt. Für die Likelihood - Funktion gilt wiederum:

$$f(\lambda | t_2) = \lambda \, e^{-\lambda t_2} \tag{3-49}$$

Da diese Funftion den Wert 0 in $\lambda = 0$ annimmt, d.h. der Effekt des Diracstoßes aufgehoben wird, verschwindet der erste Summand in (3-48). Dieses beispielhaft vorgeführte Vorgehen kann für jedes t_i wiederholt werden.

Zum Zweck der Systematisierung soll dieses Konzept in die Theorie der konjugierten Priorverteilungen eingarbeitet werden. Eine Klasse konjugierter Priorverteilungen zeichnet sich dadurch aus, daß die Posteriorverteilung stets ein neues Mitglied dieser Klasse (mit anderen Parametern) ist. Folgende Anforderungen muß eine Klasse konjugierter Priorverteilungen erfüllen, damit sie diese Eigenschaft hat:

1. Die Likelihood - Funktion muß in der Klasse enthalten sein.
2. Die Klasse muß unter der Multiplikation geschlossen sein, d.h., das Produkt zweier Funktionen der Klasse muß wieder in ihr enthalten sein.

Da die Posteriorverteilungsdichte einer Linksverschiebung unterzogen wird, bevor sie als neuer Prior Verwendung findet, muß zusätzlich gefordert werden:

3. Die Klasse ist geschlossen unter der Linksverschiebung.

Unter diesen drei Bedingungen gilt nun die Behauptung, daß die Menge aller Prior folgenden Typs eine geeignete Klasse konjugierter Prior ist:

$$f(\lambda) = e^{-b\lambda} \sum_{j=0}^{n} a_j \lambda^j \qquad (3\text{-}50)$$

Beweis:

1. Die Likelihood - Funktion $f(\lambda \mid t) = \lambda t\, e^{-\lambda t}$ ist in der Klasse enthalten
   $(b = t,\ a_1 = t,\ (a_j = 0,\ j > 1))$.

2. Seien f_1, f_2 in der Klasse enthalten, dann gilt

$$f_3(\lambda) = f_1(\lambda)\, f_2(\lambda) = e^{-(b_1+b_2)\lambda} \left(\sum_{j=0}^{n_1} a_{j1} \lambda^j\right)\left(\sum_{j=0}^{n_2} a_{j2} \lambda^j\right)$$

   ist Element der Klasse

$$(b_3 = b_1 + b_2,\ a_{j3} = \sum_{i+k=j} a_{i1}\, a_{k2},$$
$$(i \in \{0, n_1\},\ j \in \{0, n_2\}))$$

3. Sei f Element der Klasse und $\Delta \geq 0$, dann gilt, daß

$$f_s(\lambda) = f(\lambda + \Delta) \sum_{j=0}^{n} (\lambda + \Delta)^j$$

   wiederum in der Klasse enthalten ist

$$(b_s = b,\ a_{js} = e^{-b\Delta} \sum_{k=j}^{n} \binom{k}{j} a_n\, \Delta^{k-j})$$

Die Verteilungsdichte nach der ersten Korrektur (3-48) ist offensichtlich ebenfalls ein Element der Klasse mit

$$b = t_1,\ a_0 = \Delta_1\, t_1^2\, e^{-\Delta_1 t_1},\ a_1 = t_1^2\, e^{-\Delta_1 t_1}\ .$$

Das Problem, die aufeinanderfolgenden t_i, $i > 0$ zu berücksichtigen, reduziert sich somit auf das Bestimmen von Koeffizienten.

Ein t_i wird berücksichtigt durch die folgende Manipulation der bis dahin gültigen Priorverteilungsdichte:

- Multiplikation mit der Likelihood-Funktion
- Integration des Produktes über $(0, \infty)$ und Normierung desselben mittels Division durch den Wert des Integrals (dieser existiert immer, wenn $|b|, |a_j| < \infty$)
- Linksverschiebung des Resultates

Diese drei Schritte lassen sich geschlossen ausführen, d. h. für keinen sind numerische Näherungen erforderlich.

Falls die Datenbasis n Ausfallzeiten enthält, erhält man die Verteilungsdichte der Ausfallrate als

$$f_n\ (\lambda \mid t_n) = \delta\ (\lambda) \int_0^{\Delta_n} f\ (\lambda \mid t_n)\ d\lambda\ +\ f\ ((\lambda + \Delta_n) \mid t_n) \qquad (3\text{-}51)$$

Wenn diese wiederum als Prior zugrundegelegt wird, kann im folgenden der Test des Programmes über ein zusätzliches Zeitintervall t^* ohne das Auftreten von Fehlern berücksichtigt werden. Vorausgesetzt, es tritt kein Fehler auf, gilt für die Likelihood-Funktion

$$f\ (t^* \mid \lambda)\ = e^{-\lambda t^*} \qquad (3\text{-}52)$$

$f\ (t^* \mid \lambda)$ ist ebenfalls Element der oben definierten Klasse konjugierter Prior. Daraus resultiert die Verteilung

$$f^*(\ \lambda \mid t^*\ ) = \frac{\delta\ (\lambda)\ e^{-\lambda t^*} \int_0^{\Delta_n} f\ (\lambda \mid t_n)\ d\lambda\ +\ g(\lambda)}{\int_0^{\Delta_n} f\ (\lambda \mid t_n)\ d\lambda\ +\ \int_0^{\infty} g(\lambda)\ d\lambda} \qquad (3\text{-}53)$$

mit $\quad g(\lambda) = f\ (t^* \mid \lambda)\ *\ f\ ((\lambda + \Delta_n) \mid t_n)$

Hieraus folgt dann für die Fehlerwahrscheinlichkeit

$$p_f = 1 - \frac{\int_0^{\Delta_n} f(\lambda \mid t_n)\, d\lambda}{\int_0^{\Delta_n} f(\lambda \mid t_n)\, d\lambda + \int_0^{\infty} g(\lambda)\, d\lambda}$$

$$= \frac{\int_0^{\infty} g(\lambda)\, d\lambda}{\int_0^{\Delta_n} f(\lambda \mid t_n)\, d\lambda + \int_0^{\infty} g(\lambda)\, d\lambda} \qquad (3\text{-}54)$$

Auch die in (3-54) auftretenden Integrale sind geschlossen lösbar. Somit kann man eine Verteilung für die Ausfallrate ermitteln, die alle vorhandenen Beobachtungen berücksichtigt und die die Möglichkeit eines korrekten Programmes beinhaltet. Es zeigt sich, daß die Fehlerwahrscheinlichkeit, sowie auch das Verhalten sonstiger Kennwerte der Verteilung stark von der fehlerfreien Laufzeit t^* abhängen. So erfolgt beispielsweise ein rapides Absinken von p_f, wenn t^* deutlich größer als t_n wird.

3.8 Zusammenfassung: Zuverlässigkeitswachstummodelle

Zusammenfassend läßt sich sagen, daß die Wachstumsmodelle für Softwarezuverlässigkeit für praktische Zwecke hinreichend klar formuliert sind. Während mathematisch eine große Menge an Verteilungsfunktionen und Wachstumsgesetzen darstellbar ist, erweist sich für die untersuchten Datensätze, daß sie in der Regel durch die Annahme exponentialverteilter Laufzeiten gut beschrieben werden können, die einem geometrischen Wachstumsgesetz genügen. Falls darüber hinaus Abhängigkeiten unter den Laufzeiten bestehen, kann man sie mit dem oben aus Methoden der Zeitreihenanalyse entwickelten Abhängigkeitsmodell erfassen. Dies ist eher bei Datensätzen von geringem Umfang erforderlich. Besteht Anlaß zu der Erwartung, das Produkt könnte fehlerfrei sein, so kann dies durch das Modell in Abschnitt 3.7 berücksichtigt werden.

Prinzipiell schwierig ist das Problem des Überganges auf das betriebliche Verhalten. Die Art und Weise, wie das Programm benutzt wird, d. h., welche Eingabedaten mit welcher Wahrscheinlichkeit anliegen, geht nicht explizit in die Modellierung ein. Einige Autoren [*Musa*-87, *Bastani*-80] setzen hierfür Faktoren an, die die Effizienz des Tests im Vergleich zum Normalbetrieb ausdrücken sollen. Hierdurch wird das Problem jedoch auf die Quantifizierung dieser Faktoren verlagert. Es sollen hier rein qualitativ die Unterschiede des Testbetriebs im Vergleich zum Normalbetrieb aufgeführt werden:

- Beim Testen wird selten oder nie derselbe Eingabedatensatz mehrfach am Programm anliegen, während dies im Normalbetrieb (problemabhängig) durchaus der Fall sein kann.

- Bei einem sorgfältigen Test werden auch solche Funktionen im mit einbezogen, die im Normalbetrieb vielleicht sehr selten auftreten, wie Grenzsituationen für die Speicherverwaltung, zeitlich ungünstiges Eintreten von Anforderungen o. ä.

- Beim Testen können mögliche Konstellationen der Eingabedaten übersehen werden; es sind z. B. Anforderungen möglich, an die bei der Entwicklung nicht gedacht wurde.

Die ersten beiden Punkte lassen das Programm im Normalbetrieb besser erscheinen, als in der Testphase, während der letzte es bezüglich der Zuverlässigkeit verschlechtert. Handelt es sich bei dem zu testenden Programm um keine Pionierentwicklung, mit der Neuland betreten wurde, sondern sind die Probleme, die bei der Entwicklung eines solchen Programmes auftauchen, aus vorhergehenden Projekten hinlänglich bekannt, so könnte, man die Möglichkeit, das etwas übersehen wurde u. U. gegenüber den anderen Punkten vernachlässigen. In diesem Fall wäre eine Ausfallrate aus der Testphase eine konservative Näherung an die des betrieblichen Verhaltens.

Ebenfalls schwerwiegend ist das Problem, daß die letzten fehlerfreien Laufzeiten das Ergebnis bestimmen, d. h., daß Software mit sehr hohen Anforderungen an die Zuverlässigkeit mit diesen Modellen praktisch nicht zu qualifizieren ist.

Es bleibt festzustellen, daß die Aussage aus einem Wachstumsmodell bei hinreichend bekannter Problemstellung mit der nötigen Vorsicht auf den Betrieb übertragen werden kann. Es kann von einem solchen Vorgehen Konservativität erwartet, jedoch nicht nachgewiesen werden. Die Qualifizierung hochzuverlässiger Software allein auf der Basis eines Wachstummodells ist nicht möglich. Deshalb wird für diese Zwecke im folgenden Kapitel ein auf das Operationsprofil basierendes Modell eines Abnahmetests formuliert, welches zwar anderen (siehe Kapitel 2), jedoch nicht diesen Einschränkungen unterliegt.

4. Ein Modell zur probabilistischen Bewertung eines erfolgreichen Abnahmetests

Die vorhandenen Modelle zum Nutzen der Information aus einem Austestvorgang stoßen auf praktische Grenzen, wenn es um Programme mit höchsten Zuverlässigkeitsanforderungen geht, seien es Programme, deren Ausfall große wirtschaftliche Konsequenzen hat, oder solche, die zur Überwachung von Systemen von großem Gefahrenpotential eingesetzt werden. Es besteht zwar eine prinzipielle Anwendbarkeit dieser Methoden, jedoch wächst der erforderliche Testaufwand linear mit der nachzuweisenden mittleren Lebensdauer. Um eine vertretbare statistische Sicherheit der Aussage zu erreichen, ist (gemessen in Laufzeit) ein Mehrfaches der zu erreichenden Lebensdauer an Testzeit erforderlich. Qualifizierungen von Lebensdauern von mehr als 10^5 - 10^6 CPU-Stunden werden kaum möglich sein. Es stellt sich die Frage, ob sich durch Berücksichtigung zusätzlicher Informationen, wie dem in Abschnitt 2.4 definierten Operationsprofil, der Aufwand nicht reduzieren ließe.

4.1 Generelle Vorbemerkungen

Grundlage des Modells ist die Tatsache, daß ein Punkt im Operationsraum eines Programmes, der einmal getestet wurde, ohne zum Ausfall zu führen, auch in Zukunft nie zum Ausfall führen wird. Nun enthält der Operationsraum eines Programmes zwar eine Anzahl von Punkten von u. U. astronomischer Höhe - aber doch nur endlich viele. Ein Lauf eines Echzeitprogrammes dürfte in seiner Dauer eher im Millisekundenbereich als im Sekundenbereich liegen, da von diesen Programmen schnelle Reaktionszeiten erwartet werden.

Hier wirken die beiden Faktoren - Mächtigkeit des Operationsraums und Geschwindigkeit des Programms - gegenläufig. Es wäre deshalb denkbar, daß es Programme gibt, bei denen sich in einer verhältnismäßig kurzen Testzeit der gesamte Operationsraum vollständig abdecken ließe. In diesem Fall wäre die Ausfallwahrscheinlichkeit 0, während sie nach einem Makromodell von der Anzahl der Läufe abhinge. Bei einem solchen Programm würde die Berücksichtigung der Kardinalität des Operationsraumes zweifellos große Vorteile bei der Einschätzung des benötigten Testaufwandes bieten.

Bei einer globalen Betrachtung eines Programms zeigt sich allerdings, daß die Chance eines Tests über den gesamten Operationsraum nur bei sehr kleinen Programmen möglich sein wird.

Sei *nbit* die Anzahl der Bits, von denen das Ergebnis eines Laufes abhängt, d.h. die Anzahl der Eingangsbits und der Bits, die aus der Vergangenheit benutzt werden, dann ergibt sich die Kardinalität des Operationsraumes R_o zu

$$|R_o| = 2^{nbit} \tag{4-1}$$

Mit der Testzeit T_T und der Test-Exekutionsrate h_T ergibt sich

$$nbit \leq ld\ (T_T h_T)\,, \tag{4-2}$$

wobei das Gleichheitszeichen für den Fall gilt, daß jeder Punkt von R_o nur einmal getroffen wird. Bei realistischen Werten von T_T und h_T und unter der Annahme eines vollautomatisch ablaufenden Tests zeigt sich, daß *nbit* kaum größer als 32 werden kann. Dies entspricht bei den heute in der Prozeßsteuerungstechnik üblichen 16 bit-Mikroprozessoren gerade zwei Variablen. Aus diesem Grund ist dieser Ansatz nur im Zusammenhang mit einer rigorosen Partitionierung des Programms in kleine Einheiten, die im folgenden als primitive Programmstrukturen bezeichnet werden, praktikabel. Beispiele für solche Zerlegungen finden sich im Abschnitt 4.3, sowie im Anhang 2.

Es wäre denkbar, aufgrund einer solchen modularen Zerlegung für ein beliebiges Programm einen Satz Testfälle zu konstruieren, womit es vollständig ausgetestet werden kann. Dieser Weg wird in dieser Arbeit nicht weiterverfolgt, da er für nur wenig größere Programme den Umgang mit derart umfangreichen Datenmengen erforderlich macht, daß eine praktische Anwendung ausgeschlossen erscheint. Statt dessen wird im folgenden von einem probabilistischen Test mit bekannter Verteilung der Eingabegrößen ausgegangen, die von einem stochastischen Testgenerator gebildet werden. Mit diesem Testgenerator wird zunächst eine instrumentierte Version des Programmes betrieben, die es gestattet, die Verteilungen der Variablen, von denen die primitiven Programmstrukturen (PPS) abhängen, zu schätzen. Falls sich hierbei herausstellt, daß bestimmte Teile des Programmes nicht stark genug vom Test betroffen werden, läßt sich der Testfallgenerator entsprechend modifizieren. Danach wird der eigentliche Test mit der nicht instrumentierten Originalversion des Programmes durchgeführt. Da es sich um einen stochastischen Test handelt, ist naturgemäß lediglich eine probabilistische Bewertung seines Bestehens möglich, d.h. die Angabe einer Wahrscheinlichkeit, daß ein zukünftiger Lauf auf einen Fehler führt. Sofern diese Wahrscheinlichkeit gering ist, reicht diese Aussage aber völlig aus. Eine solcherart gewonnene Größe würde die Programmstruktur und das betriebliche sowie das Test-Operationsprofil explizit berücksichtigen, wodurch die Unsicherheiten, die bei der Verwendung von gängigen Makromodellen entstehen, drastisch reduziert würden. Im folgenden wird zunächst das probabilistische Modell für eine primitive Programmstruktur entwickelt und danach anhand eines Beispiels die Zerlegung eines Programmes in PPS, sowie die Durchführung eines Abnahmetestes aufgrund dieses Modells behandelt.

4.2 Betrachtung des Tests einer primitiven Programmstruktur

Eine primitive Programmstruktur (PPS) wird als ein einfaches Programmstück definiert, das einen Operationsraum von einer - gemessen am geplanten Testaufwand - geringen Kardinalität besitzt. Wie vorher bemerkt, heißt dies für heutige Rechner und für einen realistischen Testaufwand, daß sie von maximal etwa 32 bit abhängt. Dabei ist die Aufteilung auf eine Anzahl von Variablen beliebig. Zur Ableitung eines probabilistischen Modells werden folgende Größen definiert.

R_o: Der Operationsraum der PPS, d.h. die Menge aller Zustände, die die PPS aufgrund ihrer zugehörigen Eingangs- und Speichervariablen annehmen kann.

nbit: Die Gesamtzahl der Bits aller Eingangs- und Speichervariablen.

$N = |R_o| \leq 2^{nbit}$: Die Kardinalität des Operationsraumes R_o, d.h. die Anzahl seiner Elemente.

$F = \{1...N\}$: Eine Indexmenge, die jedem Element von R_o eine Nummer zuordnet.

$M \subset F$: Die Indexmenge der Elemente von R_o der PPS, die zu einem Fehler führen. M ist unbekannt und wird nach einer Bayes'schen Argumentation als Zufallsgröße betrachtet.

m: Eine zufällige Ausprägung von M

$p_i | i \in F$: W {Das Element i aus R_o liegt bei einem Test an}

Mit diesen Größen kann der Test beschrieben werden; aus dem Operationsraum wird gemäß den vorgegebenen Wahrscheinlichkeiten p_i k-mal zufällig ein Testfall gewählt und der zugehörige Lauf ausgeführt. Mit den p_i ist das Operationsprofil der PPS vollständig beschrieben. Es wird im folgenden zunächst davon ausgegangen, daß das Operationsprofil zeitinvariant ist; diese Annahme kann jedoch eingeschränkt werden (siehe Abschnitt 4.2.3).

4.2.1 Die Ausfallwahrscheinlichkeit bei konstantem Testeingabeprofil

Die Zuverlässigkeit einer PPS wird bestimmt durch die Wahrscheinlichkeit, daß während der l Anforderungen in einem Beobachtungszeitraum kein Ausfall stattfindet.

Hierzu werden folgende Ereignisse betrachtet:

A: Das Ereignis, daß das Programm während eines Laufes ausfällt.

$\bar{A}^l$: Das Ereignis, daß das Programm während l betrieblicher Läufe nicht ausfällt.

$\overline{\bar{A}^l}$: Nicht $\bar{A}^l$, d.h. das Programm fällt während l betrieblicher Läufe mindestens einmal aus.

$\bar{A}^k$: Das Ereignis, daß das Programm während k Testläufe nicht ausfällt.

Nach einem erfolgreichen Test über k Läufe ist nach der Ausfallwahrscheinlichkeit gefragt, d.h. die gesuchte Größe ist

$$W\{\overline{\bar{A}^l} \mid \bar{A}^k\} = 1 - W\{\bar{A}^l \mid \bar{A}^k\} \qquad (4\text{-}3)$$

Die Menge M der Elemente des Operationsprofils, die auf einen Ausfall führt, wird als Zufallsgröße betrachtet. M ist mit Sicherheit eine Teilmenge von F, so daß man schreiben kann:

$$\bigcup_{\forall m} (M = m) = E \qquad \text{(sicheres Ereignis)} \tag{4-4}$$

Da $\overline{A}^l \cap E = \overline{A}^l$ gilt, und zudem die Realisationen von M unvereinbar sind (in dem Sinne, daß bei einem Programm nur eine Ausprägung von M möglich ist), gilt:

$$\begin{aligned} W\{\overline{A}^l \mid \overline{A}^k\} &= \sum_{\forall m} W\{\overline{A}^l \cap M = m \mid \overline{A}^k\} \\ &= \sum_{\forall m} W\{\overline{A}^l \mid M = m \cap \overline{A}^k\} \cdot W\{M = m \mid \overline{A}^k\} \end{aligned} \tag{4-5}$$

Nun ist das Ereignis $\overline{A}^l$ vollständig durch die gegebene Realisation der Menge M bestimmt: eine Abhängigkeit von $\overline{A}^k$ besteht bei gegebenem m nicht mehr, so daß gilt:

$$W\{\overline{A}^l \mid M = m \cap \overline{A}^k\} = W\{\overline{A}^l \mid M = m\} \tag{4-6}$$

Außerdem wird nach der Formel von Bayes (2-1) gesetzt:

$$W\{M = m \mid \overline{A}^k\} = \frac{W\{\overline{A}^k \mid M = m\} \cdot W\{M = m\}}{\sum_{\forall m} W\{\overline{A}^k \mid M = m\} \cdot W\{M = m\}} \tag{4-7}$$

Damit ergibt sich:

$$W\{\overline{A}^l \mid \overline{A}^k\} = \frac{\sum_{\forall m} W\{\overline{A}^l \mid M = m\}\; W\{\overline{A}^k \mid M = m\} \cdot W\{M = m\}}{\sum_{\forall m} W\{\overline{A}^k \mid M = m\} \cdot W\{M = m\}} \tag{4-8}$$

Da die bisher abgeleitete Formel unter Verwendung des Bayes-Theorems entstanden ist, ist die Wahl einer Priorverteilung für W {M=m} erforderlich, in die die Vorinformation über die Größe M einfließt. Bei Fehlen von Vorinformation wird diese Verteilung meist so gewählt, daß jede mögliche Realisation von M gleich wahrscheinlich ist, d.h.

$$W\{M = m\} = \frac{1}{2^N} \tag{4-9}$$

Es wurde hier eine andere Wahl getroffen, weil diese Annahme für ein Programm, das vor dem Abnahmetest steht, also bereits weitestgehend ausgetestet ist, zu ungünstig erscheint. Hierzu wird die Kardinalität der Fehlerdomäne M betrachtet. Unter den 2^N möglichen Realisationen von M gibt es nur eine mit $|m| = 0$ für das fehlerfreie Programm, jedoch N Möglichkeiten für $|m| = 1$, $\binom{N}{2}$ Möglichkeiten für $|m| = 2$ usw.. Damit ergibt sich:

$$W\{|m| = i\} = \frac{\binom{N}{i}}{2^N} \tag{4-10}$$

d.h.: Die Prior-Wahrscheinlichkeit für eine Fehlerdomäne, die die Hälfte des Eingaberaumes umfaßt, wäre unverhältnismäßig groß im Vergleich zu den eher zu erwartenden kleinen Fehlerdomänen. Deshalb wird für eine realistischere Priorverteilung angenommen, daß jede Ausprägung von $|M|$ gleich wahrscheinlich ist, d.h. $W\{|m| = i\} = \text{const} = \frac{1}{N+1}$

Damit folgt:

$$W\{M = m\} = \frac{1}{(N+1)\binom{N}{|m|}} \tag{4-11}$$

Mit Festlegung der Priorverteilung bleibt noch die Ermittlung der Wahrscheinlichkeit des Ereignisses $\overline{A}^k$ bzw. $\overline{A}^l$ bei gegebener Realisation von M. Für einen Lauf gilt für das Ereignis A:

$$W\,\{A \mid M = m\} = \sum_{j \in m} p_j \tag{4-12}$$

d.h. A tritt genau dann ein, wenn ein Element der Fehlerdomäne ausgewählt wird. Da diese Elemente unvereinbar sind, gilt die obige Summenformel. Daraus folgt für

$$W\,\{\overline{A} \mid M = m\} = 1 - \sum_{j \in m} p_j \tag{4-13}$$

und, wegen der unabhängigen Auswahl der Testfälle

$$W\,\{\overline{A}^k \mid M = m\} = (1 - \sum_{j \in m} p_j)^k \tag{4-14}$$

und

$$W\,\{\overline{A}^l \mid M = m\} = (1 - \sum_{j \in m} p_j)^l \tag{4-15}$$

Somit folgt aus (4-8) nach Einsetzen

$$W\,\{\overline{A}^l \mid \overline{A}^k\} = \frac{\sum\limits_{\forall m} \frac{1}{(N+1)\binom{N}{|m|}} (1 - \sum\limits_{j \in m} p_j)^{k+l}}{\sum\limits_{\forall m} \frac{1}{(N+1)\binom{N}{|m|}} (1 - \sum\limits_{j \in m} p_j)^{k}} \tag{4-16}$$

Für die Ausfallwahrscheinlichkeit unter der Bedingung eines erfolgreichen Abnahmetestes erhält man

$$W\,\{\overline{\overline{A}^l} \mid \overline{A}^k\} = 1 - W\,\{\overline{A}^l \mid \overline{A}^k\}$$

$$= \frac{\sum\limits_{\forall m} \frac{1}{\binom{N}{|m|}} \left[(1 - \sum\limits_{j \in m} p_j)^k - (1 - \sum\limits_{j \in m} p_j)^{k+l} \right]}{\sum\limits_{\forall m} \frac{1}{\binom{N}{|m|}} (1 - \sum\limits_{j \in m} p_j)^k} \tag{4-17}$$

In dieser Form ist die Gleichung auch für eine Auswertung auf Rechnern noch ungeeignet, weil die Anzahl der Summanden noch unverhältnismäßig groß ist. Für m ist immerhin jede Teilmenge von F möglich, d.h. es gibt 2^N Summanden sowohl im Zähler als auch im Nenner. Unterstellt man aber eine gewisse Gleichförmigkeit der p_j, so ist zu erwarten, daß der Beitrag, den die Summanden zum Ergebnis liefern, stark von der Kardinalität der gerade betrachteten Fehlerdomäne abhängt. Deshalb werden die Summen nach |m| = const aufgespalten. Es zeigt sich, daß im Zähler der Term mit |m| = 0 ($\hat{=}$ m = {}) verschwindet, während er im Nenner eine 1 beiträgt. Somit

$$W\{\overline{\overline{A}^l} \mid \overline{A}^k\} = \frac{(S_{1k} - S_{1kl}) + (S_{2k} - S_{2kl}) + \ldots}{1 + S_{1k} + S_{2k} + S_{3k} + \ldots} \tag{4-18}$$

$$S_{1k} = \frac{1}{\binom{N}{1}} \sum_{i=1}^{N} (1 - p_i)^k \qquad S_{1kl} = \frac{1}{\binom{N}{1}} \sum_{i=1}^{N} (1 - p_i)^{k+l}$$

$$S_{2k} = \frac{1}{\binom{N}{2}} \sum_{i=1}^{N-1} \sum_{j=i+1}^{N} (1 - (p_i + p_j))^k$$

$$S_{2kl} = \frac{1}{\binom{N}{2}} \sum_{i=1}^{N-1} \sum_{j=i+1}^{N} (1 - (p_i + p_j))^{k+l} \tag{4-19}$$

4.2.2 Ableitung analytischer Formeln für einfache Eingabeprofile

Für ein beliebiges Eingabeprofil muß die oben entwickelte Formel (4-18) mit einem Rechner ausgewertet werden, was nur unter zusätzlichen Annahmen und näherungsweise möglich ist. Für einfache Verteilungen ist jedoch eine analytische Auswertung möglich, und sie verschafft einen besseren

Einblick in die Eigenschaften dieser Formel. Ein naheliegender Kandidat für dieses Unterfangen ist zunächst die Gleichverteilung, bei der jede Kombination von Eingabewerten gleich wahrscheinlich ist. Aber auch für die Dreiecksverteilung, wie sie sich als Verteilung der Summe zweier gleichverteilter Zufallsgrößen ergibt, ist eine Analyse möglich.

Die Gleichverteilung stellt einen theoretisch interessanten Extremfall dar. Jede Verteilung, die von ihr abweicht, muß zwangsläufig einige Fälle häufiger und andere seltener treffen, als die Gleichverteilung. Nun hat es keinen Nutzen, einen Wert im Operationsraum mehr als einmal zu testen, jedoch birgt es Nachteile, wenn es Werte gibt, die nicht vom Test betroffen sind. Aus diesem Grund stellt die Gleichverteilung für den Test mit invariantem Operationsprofil ein Optimum dar, das von anderen Verteilungen höchstens erreicht, nicht aber überschritten werden kann.

Für die Gleichverteilung gilt

$$p_i = \frac{1}{N} \tag{4-20}$$

Durch Einsetzen in (4-19) erhält man:

$$S_{1k} = \frac{1}{\binom{N}{1}} \sum_{i=1}^{N} (1 - \frac{1}{N})^k \qquad S_{1kl} = \frac{1}{\binom{N}{1}} \sum_{i=1}^{N} (1 - \frac{1}{N})^{k+l}$$

$$S_{2k} = \frac{1}{\binom{N}{2}} \sum_{i=1}^{N-1} \sum_{j=i+1}^{N} (1 - \frac{2}{N})^k$$

$$S_{2kl} = \frac{1}{\binom{N}{2}} \sum_{i=1}^{N-1} \sum_{j=i+1}^{N} (1 - \frac{2}{N})^{k+l} \tag{4-21}$$

Man erkennt zwei Möglichkeiten zur Vereinfachung dieser Summen: Zum einen sind alle Summanden jeweiles einer Summe konstant bezüglich der Laufindezes, zu anderen ist die Anzahl der Summanden jeweils gleich dem im Nenner davor stehenden Binominalkoeffizienten. Somit erhält man:

$$S_{1k} = (1 - \frac{1}{N})^k \qquad S_{1kl} = (1 - \frac{1}{N})^{k+l}$$

$$S_{2k} = (1 - \frac{2}{N})^k \qquad S_{2kl} = (1 - \frac{2}{N})^{k+l} \tag{4-22}$$

Für einen Term der Art $(1 - \frac{1}{N})^k$ kann man schreiben:

$$(1 - \frac{1}{N})^k = \exp (k \ln (1 - \frac{1}{N}))$$

$$= \exp (- k (\frac{1}{N} + \frac{1}{2N^2} + \frac{1}{3N^3} + \ldots)$$

$$\approx \exp (- \frac{k}{N}) \qquad [\text{für } N \gg 1] \tag{4-23}$$

Da in praktischen Fällen die Bedingung $N \gg 1$ sehr gut erfüllt ist, kann man schreiben:

$$W\{\overline{A^l} \mid \overline{A}^k\} = \frac{\sum_{i=1}^{N} r_k^i - \sum_{i=1}^{N} r_{kl}^i}{1 + \sum_{i=1}^{N} r_k^i} \tag{4-24}$$

mit

$$r_k = \exp (- \frac{k}{N}) \qquad \text{und} \qquad r_{kl} = \exp (- \frac{k+l}{N})$$

Nach Auswertung der geometrischen Reihen erhält man

$$W\{\overline{A^l} \mid \overline{A}^k\} = r_k \frac{1 - r_k^N}{1 - r_k^{N+1}} - r_{kl} \frac{1 - r_k}{1 - r_{kl}} \frac{1 - r_{kl}^N}{1 - r_{kl}^{N+1}} \tag{4-25}$$

Nochmalige Berücksichtigung der Größe von N (bei $r < 1$) ergibt schließlich

$$W\{\overline{\bar{A}^l} \mid \bar{A}^k\} = r_k - r_{kl} \frac{1 - r_k}{1 - r_{kl}}$$

$$\approx \exp\left(-\frac{k}{N}\right) - \exp\left(-\frac{k+l}{N}\right) \tag{4-26}$$

Dieser Zusammenhang vereinfacht sich nochmals, wenn man eine sehr große Betriebsdauer betrachtet, um die in Abschnitt 1.4 definierte Fehlerwahrscheinlichkeit als konservative Abschätzung der Ausfallwahrscheinlichkeit zu bestimmen. Es gilt für die Fehlerwahrscheinlichkeit p_f:

$$p_f = \lim_{l \to \infty} W\{\overline{\bar{A}^l} \mid \bar{A}^k\} = \exp\left(-\frac{k}{N}\right) \tag{4-27}$$

Setzt man für N die Anzahl der Zustände, die das Programm, bzw. die PPS annehmen kann, die nicht unbedingt aus der Anzahl der bits, die den Operationsraum bestimmen, zu berechnen ist, so erhält man mit p_f einen Schätzwert, welche Größenordnung für die Ausfallwahrscheinlichkeit unter günstigen Randbedingungen mit k Tests überhaupt zu erreichen ist.

Dieses Ergebnis bedarf einer gewissen Interpretation. Es fällt auf, daß es erst für Werte von k, die deutlich größer sind als N, auf nennenswert kleine Werte fällt, wie man sie für hochzuverlässige Software benötigt. Der Grund dafür ist darin zu sehen, daß jede Teilmenge des Eingaberaums in gleicher Weise als Kandidat für die Fehlerdomäne gesehen wird, obwohl viele dieser Möglichkeiten als sehr unwahrscheinlich, wenn nicht sogar unmöglich angesehen werden müssen. So besagt die Erfahrung beim Austesten von Programmen (sowie [*Shooman*-83]), daß es möglich ist, den Eingaberaum in Äquivalenzklassen zu unterteilen, wobei eine geringe Anzahl von Elementen aus einer solchen Klasse bereits eine Aussage über daß korrekte Arbeiten für die gesamte Klasse gestattet. Diese Erfahrung bedeutet schlicht, daß Fehlerdomänen größerer Kardinalität häufiger sind, als solche von geringer Kardinalität. Wenn einmal harte, quantitative Aussagen über diese Tatsache möglich sein werden, sollten sie durch eine entsprechend modifizierte Priorverteilung berücksichtigt werden. Da solche Information derzeit nicht vorliegt, ist es angezeigt, bei einem uniformen Prior zu bleiben, auch, wenn dieses Vorgehen einige, allerdings nicht näher quantifizierbare Konservativitäten birgt. In der Tat bedeutet die obige Formel, daß erst dann, wenn jeder mögliche Eingabezustand im Mittel mehrere Male getroffen wurde, bei einem stochastischen Test eine hinreichende Testabdeckung zu erwarten ist.

Dies läßt bei Verteilungen, die stark von der Gleichverteilung abweichen, eher ungünstigere Ergebnisse erwarten, da hierbei einige Teile des Eingaberaumes erheblich seltener als andere auftreten. Als ein Vertreter solcher Verteilungen soll im folgenden die Dreiecksverteilung untersucht werden.

Die Dreiecksverteilung ist die Verteilung der Summe zweier gleichverteilter Zufallsvariablen. Sie ist definiert als

$$p_i = \begin{cases} \frac{i}{D} & 1 \le i \le \frac{N}{2} \\ \frac{N + 1 - i}{D} & \frac{N}{2} \le i \le N \end{cases} \tag{4-28}$$

Dabei ist D ein Normierungsfaktor, so daß

$$\sum_{i=1}^{N} p_i = 1 \tag{4-29}$$

Für gerade N gilt $D = \frac{N}{2}(\frac{N}{2} + 1)$, für ungerade N gilt $D = (\frac{N - 1}{2}) - 1$.

Da die Verhältnisse hier etwas komplexer sind, soll nur die erste Summe aus (4-19) als Näherung für die Ausfallwahrscheinlichkeit betrachtet werden. Für S_{1k} bzw. S_{1kl} gilt aus Symmetriegründen:

$$S_{1k} = \frac{2}{N} \sum_{i=1}^{N/2} (1 - \frac{i}{D})^k \qquad S_{1kl} = \frac{2}{N} \sum_{i=1}^{N/2} (1 - \frac{i}{D})^{k+l} \tag{4-30}$$

Mit der oben bereits benutzten Näherung (4-23) über die Exponentialfunktion erhält man

$$W\{\overline{A}^l \mid \overline{A}^k\} \approx S_{1k} - S_{1kl}$$

$$\approx \frac{2}{N} \sum_{i=1}^{N/2} \left(\exp\left(-\frac{k}{D}\right)\right)^i - \frac{2}{N} \sum_{i=1}^{N/2} \left(\exp\left(-\frac{k+l}{D}\right)\right)^i \tag{4-31}$$

Eine Auswertung der beiden geometrischen Reihen ergibt

$$W\{\overline{A}^l \mid \overline{A}^k\} \approx \frac{2}{N} \left[\exp\left(-\frac{k}{D}\right) \frac{1 - \exp\left(-\frac{Nk}{2D}\right)}{1 - \exp\left(-\frac{k}{D}\right)} - \exp\left(-\frac{k+l}{D}\right) \frac{1 - \exp\left(-\frac{N(k+l)}{2\,D}\right)}{1 - \exp\left(-\frac{k+l}{D}\right)} \right]$$

$$\approx \frac{2}{N} \left[\frac{1 - \exp\left(-\frac{Nk}{2D}\right)}{\exp\left(\frac{k}{D}\right) - 1} - \frac{1 - \exp\left(-\frac{N(k+l)}{2\,D}\right)}{\exp\left(\frac{k+l}{D}\right) - 1} \right] \tag{4-32}$$

Eine weitere Vereinfachung des obigen Ausdrucks ergibt sich, wenn man für realistische Fälle (große N, k und l, $k > N$, jedoch $D \approx N^2/4 \gg k$) die üblichen Näherungen ansetzt. Dann erhält man

$$W\{\overline{A}^l \mid \overline{A}^k\} \approx \frac{N}{2\,k} - \frac{N}{2\,(k+l)} \tag{4-33}$$

Dieses gilt allerdings nur unter Berücksichtigung der Einfachsummen. Es zeigt sich jedoch bereits hier deutlich genug, daß diese Näherung sehr viel langsamer klein wird, als dies für die Lösung für die Gleichverteilung der Fall ist, weil, wie oben bereits erwähnt, bei gegebenem k erheblich mehr ungetestete Eingabedatensätze bei einer inhomogenen Verteilung verbleiben, als bei der Gleichverteilung. Daß statt dessen andere Datensätze sehr oft vorkommen, nützt nichts; einmal würde ja bereits reichen.

4.2.3 Verallgemeinerung des Modells auf zeitlich veränderliches Testeingabeprofil

Dem oben entwickelten Modell mangelt es etwas an Flexibilität bezüglich der anzusetzenden Teststrategie. Zum einen kann der Wunsch bestehen, den Abnahmetest als Funktionstest zu modellieren; zum anderen scheint die Gleichverteilung für den Test ihre Vorteile zu haben. Wenn z. B. bei einem Programm im Betrieb keine Gleichverteilung vorliegt, so würde ein Modell für ein zeitlich veränderliches Profil es gestatten, den Test mit gleichverteilten Eingabedaten durchzuführen und für den Betrieb mit einer anderen Verteilung Aussagen zu machen. Auch eine Aufteilung des Tests in verschiedene Phasen wäre so modellierbar.

Sofern man an der Annahme festhält, daß die Eingaben unabhängig voneinander gewählt werden, ergeben sich keine prinzipiellen Schwierigkeiten; lediglich die bedingte Testüberlebenswahrscheinlichkeit ist entsprechend zu modifizieren. Dabei gilt (in Verallgemeinerung von 4-14):

$$W\{\overline{A}^k \mid M = m\} = \prod_{t=1}^{k} (1 - \sum_{j \in m} p_{jt}) \qquad (4\text{-}34)$$

Dabei ist p_{jt} die Wahrscheinlichkeit, daß der Eingabedatensatz mit dem Index j für den t-ten Testfall ausgewählt wird. (t steht also für eine diskretisierte Zeit). Obwohl prinzipiell die Möglichkeit gegeben ist, für jeden Zeitschritt eine andere Verteilung zu wählen, wird man in der Praxis eher das Testprofil in mehrere zeitinvariante Phasen aufteilen. Für die Summenausdrücke, die in (4-18) eingesetzt die Ausfallwahrscheinlichkeit ergeben, erhält man:

$$S_{1k} = \frac{1}{\binom{N}{1}} \sum_{i=1}^{N} \prod_{t=1}^{k} (1 - p_{it}) \qquad S_{1kl} = \frac{1}{\binom{N}{1}} \sum_{i=1}^{N} \prod_{t=1}^{k+l} (1 - p_{it})$$

$$S_{2k} = \frac{1}{\binom{N}{2}} \sum_{i=1}^{N-1} \sum_{j=i+1}^{N} \prod_{t=1}^{k} (1 - (p_{it} + p_{jt}))$$

$$S_{2kl} = \frac{1}{\binom{N}{2}} \sum_{i=1}^{N-1} \sum_{j=i+1}^{N} \prod_{t=1}^{k+l} (1 - (p_{it} + p_{jt})) \qquad (4\text{-}35)$$

etc.

Diese Beziehungen sind von ähnlicher Natur, wie die oben abgeleiteten. Wegen der enormen Anzahl an Summanden und der größeren Komplexität dürfte nur eine rechnergestützte Auswertung infrage kommen.

4.3 Zerlegung eines Programmes in primitive Programmstrukturen (PPS)

Das auf den letzten Seiten abgeleitete Modell ließe sich zwar auf ganze Programme anwenden, jedoch treten dabei Operationsprofile von einer Mächtigkeit auf, die eine Analyse praktisch undurchführbar macht, wie es am Beispiel im Abschnitt 2.4 vor Augen geführt wurde. Eine sinnvolle Anwendung ist nur möglich, wenn das Programm in entsprechend kleine primitive Programmstrukturen (PPS) zerlegt werden kann.

4.3.1 Betrachtung von Programmen ohne Verzweigungen

Die Zerlegung eines Programmteils ohne Verzweigungen kann völlig analog zur Vorgehensweise für das Beispiel im Abschnitt 2.4 erfolgen. Die einzige Voraussetzung ist, daß eine hinreichend feine Zerlegung überhaupt möglich ist, d. h., daß nur diadische und monadische Operationen vorkommen. Bei höheren Programmiersprachen ist diese Anforderung stets erfüllt. Es werden, ausgehend von den Eingängen des Programmes, jeweils zwei Variable, die - mittelbar oder unmittelbar - einer diadischen Operation unterliegen, zu einer PPS zusammengefaßt. Danach werden diejenigen Variablen, die Eingänge des Programms oder Ausgänge bereits bestehender PPS sind, zu neuen PPS zusammengefaßt.

Bei Assemblersprachen gibt es auch Operationen, die von mehr als zwei Operanden abhängen. Hierbei ist eine Zerlegung nur noch möglich, wenn man die Korrektheit bestimmter systemnaher Programmteile, wie der Stapelverwaltung, unterstellen kann. Solche Annahmen sind allerdings auch bei höheren Programmiersprachen erforderlich; dort sind sie allerdings leichter zu rechtfertigen, da man davon ausgeht, daß die zu einer Hochsprache gehörigen Laufzeitsysteme schon aufgrund ihrer Verbreitung (große Betriebserfahrung) als zuverlässig gelten. Deshalb wird im folgenden von einer prozeduralen Hochsprache wie PEARL, oder Echtzeitdialekte von PL/1, FORTRAN oder PASCAL ausgegangen, die auf ein mit anderen Methoden als hinreichend zuverlässig validiertes Betriebssystem und Entwicklungspaket aufbaut.

Im folgenden soll zur Veranschaulichung ein Beispiel betrachtet werden. Eine Zeile wie

Y := (A + B) * C / D

wobei A, B, C und D als Eingangsvariable betrachtet werden, läßt sich in drei PPS zerlegen, indem man jeweils A und B, C und D und zum Schluß die beiden Zwischenergebnisse zusammenfaßt

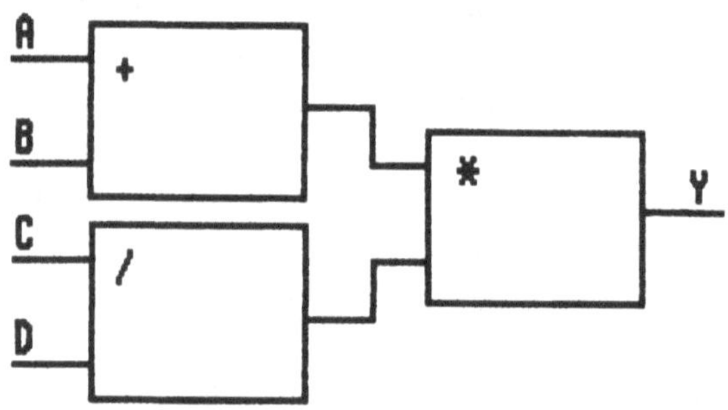

Abb. 4-1: *Zerlegung eines Ausdrucks in PPS*

Alternativ wäre eine Zerlegung der folgenden Art denkbar:

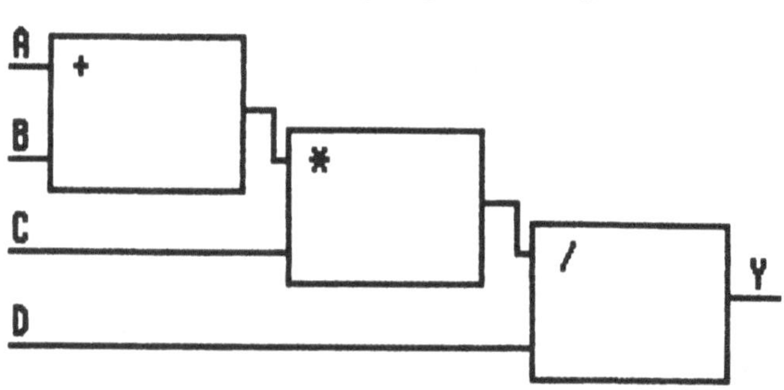

Abb. 4-2: *Alternative Zerlegung des Ausdrucks*

Die richtige Wahl ist die, die am ehesten dem entspricht, was im Programm passiert; wo dies unklar ist, kann man eine bestimmte Realisierung durch Setzen von Klammern erzwingen. Im obigen Beispiel wird erkennbar, daß nicht nur echte Eingänge des Programms, sondern auch Zwischengrößen als PPS-Eingänge auftreten. Dies hat zur Folge, daß auch die Verteilungen dieser Zwischengrößen ermittelt werden müssen, bietet allerdings die Gewähr, daß das vollständige Operationsprofil bei der Rechnung berücksichtigt wird.

Auch, wo Werte aus der Vergangenheit eingehen, werden sie zu PPS-Eingängen. Die Zeile

Z := Z + A

hätte die Form:

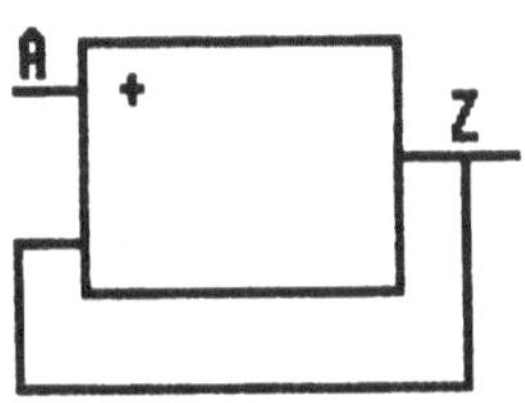

Abb. 4-3: *Darstellung einer PPS mit Speicher*

Die prinzipielle Anwendbarkeit des Verfahrens ist also gegeben; Schwierigkeiten können sich nur dadurch ergeben, daß die auftretenden Verteilungen u. U. stark von der Gleichverteilung abweichen. Ein extremes Beispiel hierfür sind logische Verknüpfungen: Ein Beispiel wie

$$L := (Z = 1) \cap (A = 2) \cap (T = 17)$$

läßt sich darstellen als

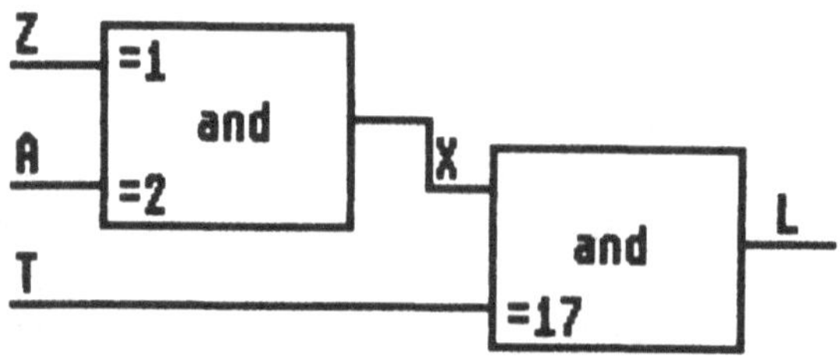

Abb. 4-4: *Darstellung einer PPS bei logischen Verknüpfungen*

Jedoch ist (bei gleichverteilten Variablen Z, A und T die Verteilung des Zwischenresultats X dergestalt, daß einer der beiden möglichen Werte fast nie und der andere fast immer vorkommt. Diese extreme Abweichung von der Gleichverteilung macht einen stochastischen Test fast unmöglich. Einen Ausweg bietet aber das obige Modell für mehrere Testphasen: In einer ersten Phase wird man für Z und A die Gleichverteilung ansetzen, in einer zweiten wird man durch eine entsprechende Modifikation der Verteilung von Z und A erreichen, daß die beiden möglichen Werte von X gleichverteilt sind ($p_1 = p_2 = 0.5$), so daß in dieser Phase die zweite PPS effizient getestet wird.

4.3.2 Der Einfluß von Verzweigungen

Beim Programm ohne Verzweigungen wird jede PPS pro Lauf einmal durchlaufen, so daß bei jedem Lauf alle PPS in gleicher Weise an der Zuverlässigkeit beteiligt sind. Enthält das Programm Verzweigungen, so trifft dies nicht mehr zu; eine PPS kann überhaupt nicht oder beliebig oft aufgerufen werden.

Zunächst kann man diesem Umstand dadurch Rechnung tragen, daß man für jede PPS die Häufigkeit aufzeichnet, mit der sie pro Lauf ausgeführt wird. Vorwärtsreferenzen (d. h.

if - then - else - Konstrukte bzw. Fallunterscheidungen) lassen sich mit dieser Zusatzinformation sofort modellieren. Auch Rückwärtsreferenzen sind prinzipiell darstellbar, jedoch sind hier praktische Schwierigkeiten bei der Schätzung der Verteilungsfunktion möglich. Betrachtet man z. B. die Schleife mit dem Aufruf der Prozedur *etwas* mit den Parametern A und i

```
for i := 1 to max do etwas (A, i);
```

so fällt folgendes auf: Ist 'etwas' eine PPS mit den Eingängen A und i, so wird sie bei jedem Lauf mit denselben Werten für A max mal ausgeführt. Gängige Verfahren zum Schätzen der Verteilung von A, die den Wertebereich von A in eine Anzahl Klassen unterteilen, für deren Eintreffen dann eine Statistik geführt wird, hätten zur Folge, daß ein wesentlich intensiveres Testen bezüglich des Wertebereichs von A vorgetäuscht würde, als tatsächlich der Fall ist. Auch die Werte, die i annimmt, sind über eine größere Anzahl von Läufen die selben. Dieses Problem ist spezifisch für Schleifen: Bei ihrer Abwesenheit sind solche deterministischen Regelmäßigkeiten nicht zu erwarten. Schleifen machen eine besondere Sorgfalt bei der Wahl der Partitionierung der Variablen erforderlich, da Werte sich in u. U. unübersichtlicher Form wiederholen können.

4.3.3 Transientes und rekurrentes Verhalten von Programmen

Die Annahme des unabhängigen Auftretens der Elemente des Operationsraumes, die ohnehin stets nur näherungsweise erfüllt ist, wird von einigen Programmen in einer Weise verletzt, daß eine gesonderte Berücksichtigung zwingend erforderlich ist.

Die Unterscheidung zwischen transientem und rekurrentem Verhalten entstammt der Theorie der Markoffprozesse

[*Störmer*-70]; sie soll hier auf das Verhalten von Programmen übertragen werden. Transientes Verhalten läßt sich an folgendem Beispiel verdeutlichen: Man betrachte

```
if z ≠ 0 then read (z);
```

Dabei sei z mit einem von 0 verschiedenem Wert initialisiert und werde nur in der obigen Zeile verändert. Während anfangs z vollständig von der Eingabe abhängt, behält es den Wert 0, wenn es ihn einmal angenommen hat. Das Verhalten in der ersten Phase bezeichnet man als transient; das in der zweiten Phase als rekurrent. Rekurrentes Verhalten zeichnet sich dabei aber nicht durch Festlegen einer Variablen auf einen Wert aus, sondern dadurch, daß sich das grundsätzliche Verhalten des Programms nicht ändert, d. h. daß alle Zustände, die eine rekurrente Klasse bilden, prinzipiell auch in Zukunft erreichbar sind. Bei der praktischen Erfassung von empirischen Verteilungen muß berücksichtigt werden, ob es transientes Verhalten oder gar mehrere rekurrente Klassen gibt. Eine empirisch ermittelte Wahrscheinlichkeit für transiente Zustände wird mit wachsender Zahl der Versuche immer geringer geschätzt werden, weil sie nach Erreichen einer rekurrenten Klasse ja nicht mehr vorkommen. Falls es mehrere rekurrente Klassen gibt, wird nur eine betreten werden, d. h. für die Zustände aller anderen Klassen wird eine Wahrscheinlichkeit 0 geschätzt werden.

Um also eine realistische Darstellung des Verhaltens des Programmes empirisch ermitteln zu können, muß die Klasseneinteilung bekannt sein und berücksichtigt werden. Die Analyse wird erheblich einfacher, wenn ein Programm kein oder nur geringfügiges transientes Verhalten aufweist und die Zustände eine einzige rekurrente Klasse bilden.

4.4 Zusammenfassende Diskussion der Anwendbarkeit des Modells

Im folgenden soll die prinzipielle Anwendbarkeit des oben entwickelten Verfahrens auf Programme verschiedener Art untersucht werden. Hierzu werden zunächst die zugrundeliegenden Annahmen noch einmal systematisch zusammengestellt.

- Alle Freiheitsgrade des zu lösenden Problems sind in Form von Eingangsvariablen für das Programm erfaßt.

- Die modulare Struktur des Programms ist korrekt, soweit sie durch die Zerlegung in primitive Programmstrukturen erfaßt wird.

- Die Elemente des Operationsraums des Programms werden unabhängig nach einer u. U. zeitlich veränderlichen Verteilung gewählt.

- Das Fehlverhalten des Programmes ist definiert und durch eine einfache Analyse der Ausgangsgrößen des Programmes beobachtbar.

Aus diesen Annahmen lassen sich notwendige Eigenschaften des Programmes folgern. So kann man nur dann von einer korrekten Umsetzung der Freiheitsgrade der Problemstellung ausgehen, wenn die Problemanalyse zumindest in dieser Hinsicht korrekt ist. Daraus folgt, daß mit der Lösung kein gänzliches technisches Neuland betreten wird, sondern daß es einen Stand der Technik gibt, aus dem die Lösung abgeleitet wurde. Diese Lösung sollte in einer Form vorliegen, die es gestattet, die modulare Struktur des Programmes, wie sie durch die Zerlegung in PPS vorgegeben ist, dagegen zu prüfen. Es ist jedoch nicht erforderlich, daß die Entwurfsspezifikation völlig fehlerfrei ist, wie es für die Anwendung von Beweisverfahren nötig ist. Fehler, die sich auf die Verknüpfungen innerhalb der PPS beziehen, sind durch den Test abgedeckt. Damit gewährleistet ist, daß diese Überprüfung des Programms ihrerseits korrekt ist, ist jedoch eine Einschränkung bezüglich der Komplexität der Programme erforderlich.

Die dritte Voraussetzung, daß die Punkte des Operationsraums unabhängig voneinander eintreten, ist bei realen Programmen streng genommen nie erfüllt. Selbst, wenn daß Programm völlig gedächtnislos wäre, so wird doch stets der Benutzer, der es bedient, oder der zu steuernde Prozeß bestimmte Zeitkonstanten beinhalten, die bewirken, daß von einem Zustand des Programmes aus einige Nachfolger wahrscheinlicher sind als andere. Hinzu kommt, daß reale Programme auch nicht gedächtnislos sind. Hierbei wirkt sich positiv aus, daß die Reihenfolge, in der die Zustände während des Tests angetroffen werden, nicht in die Auswertung eingeht. Ist die Testdauer groß gegen die Zeiträume, über die die Vergangenheit wirkt, so wird jeder Zustand, der Mitglied einer rekurrenten Klasse ist, mit einer gewissen stationären Wahrscheinlichkeit angetroffen werden, die nicht mehr von der Vergangenheit abhängt. Hieraus kann man folgern, daß Programme, deren Gedächtnis und deren Operationsprofil verhältnismäßig wenig in die Vergangenheit zurückreicht, sich bei hinreichenden Testzeiten gut für die Anwendung dieses Modells eignen. Ist das Operationsprofil geprägt durch sehr lange Zeitkonstanten, so kann man es für den Test modifizieren und die Ausfallwahrscheinlichkeit über die Fehlerwahrscheinlichkeit annähern (siehe Abschnitt 1.4). Liegt daß Problem im Ausmaß des Gedächtnisses des Programmes selbst, so kann es (bei entsprechend geringer Komplexität) in mehrere rekurrente Klassen zerlegt werden, die beim Abnahmetest separat behandelt werden müssen. Wo dies nicht möglich ist, ist eine Grenze in der Anwendbarkeit des Verfahrens erreicht.

Die Frage, ob ein Fehlverhalten definiert und beobachtbar ist, kann nur in jedem Einzelfall untersucht werden. Aus einer vorhergehenden Systemanalyse kann Einsicht in die zu betrachtenden Ausfallmodi gewonnen werden. Je nach dem zu untersuchenden Ausfallereignis für das System lassen sich mehr oder weniger einfache Kriterien ableiten, anhand derer man unter Kenntnis des Zustandes des Systemmodells und der Ausgänge des Programms prüfen kann, ob ein Ausfall vorliegt. Falls die Software diversitäre (fehlertolerante) Teile besitzt, und man an einer Aussage über die einzelnen Versionen des Algorithmus interessiert ist, so müssen die Ausgänge dieser Teilprogramme selbstverständlich auch außerhalb des Programms zur Verfügung stehen, damit man sie beobachten kann.

Zusammenfassend läßt sich sagen, daß sich daß Verfahren besonders für Programme eignet, die

- ein Problem lösen, daß nach dem Stand der Technik unter Anwendung bewährter Regeln lösbar ist,

- von der modularen Struktur her so wenig komplex sind, daß eine Verifikation der modularen Struktur anhand der Problemstellung möglich ist,

- Eingänge und Zwischenresultate nur eine begrenzte Zeit im Gedächtnis behalten,

- einem betrieblichen Operationsprofil unterliegen, das näherungsweise unabhängig von der Vergangenheit ist (verschwindende Autokorrelationsfunktion für Zeitdauern in der Größenordnung der Testdauer),

- bezüglich ihres Ausfallverhaltens an den Ausgängen mit vertretbarem Aufwand beobachtbar sind.

Wenn diese Kriterien nicht erfüllt sind, so ist das Modell deshalb nicht notwendigerweise unbrauchbar. In diesem Fall muß jedoch sorgfältig darauf geachtet werden, ob die Ergebnisse der Realität entsprechen, oder ob die Testbedingungen ihr widersprechen.

Es zeigt sich, daß die obigen Kriterien am ehesten, jedoch nicht ausschließlich von Echtzeit-EDV erfüllt werden, während Systeme, die Daten längerfristig halten, um sie schließlich auszuwerten wohl nur unter Schwierigkeiten auf diese Weise getestet werden können. Nun hat die Software, die in verfahrenstechnische oder gar kerntechnische Systeme eingreift, ein verhältnismäßig großes Potential, Schaden anzurichten, so daß gerade für diese Art von Programmen ein mathematisches Modell für die Zuverlässigkeit von großem Wert sein dürfte, während man bei anderen Programmen den Aufwand für dieses Qualifizierungsverfahren ohnehin zugunsten einfacherer Ansätze scheuen wird. Somit eignet sich das Modell gerade für die sicherheitsrelevanten Anwendungen, für die ein Modell dringend erforderlich ist.

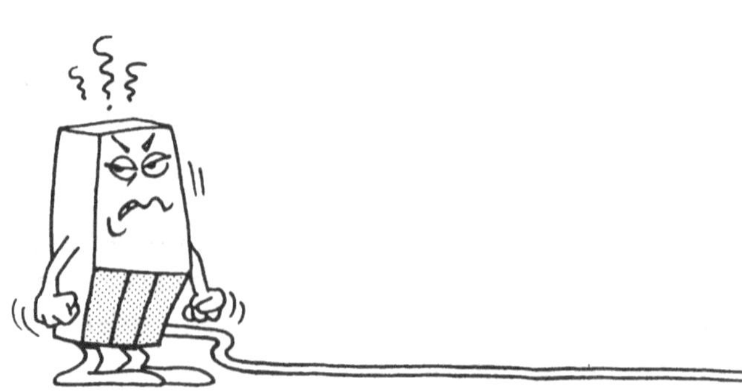

5. Vorbereitung und Durchführung eines probabilistischen Abnahmetests

Nachdem im letzten Abschnitt die probabilistische Bewertung des Tests einer primitiven Programmstruktur beschrieben wurde, soll jetzt die praktische Anwendung des Verfahrens erläutert werden. Ein alter Grundsatz der Qualitätssicherung ist, daß man erwünschte Eigenschaften nicht in ein Produkt "hineintesten" kann, sondern, daß sich die Eigenschaften eines Produktes nur aus einer geeigneten Konstruktion ergeben. Aus diesem Grund wäre die Annahme verfehlt, man könne ein beliebiges Programm nehmen und durch einen probabilistischen Test und erforderlichenfalls Korrekturen für beliebige Zuverlässigkeit qualifizieren. Vielmehr ist von Anfang an das Programm auf den Abnahmetest hin zu planen und zu entwickeln.

Insbesondere muß dafür Sorge getragen werden, daß die Fehlermöglichkeiten, die durch den geplanten Test nicht abgedeckt werden, von vornherein ausgeschlossen sind. Dies wird nicht bei beliebigen Programmen möglich sein, sondern nur bei solchen, bei denen die Anforderungen und die Lösungswege gut bekannt sind. Dies sind Programme, mit denen kein völliges Neuland beschritten wird. Das mit dem Programm zu lösende Problem sollte einschließlich der Lösung zumindest in ähnlicher Form bereits mehrfach vorliegen, denn kein Test außer dem in-situ Test kann die Fehlerfreiheit einer Problemanalyse belegen. Bei den hier vorgeschlagenen Testverfahren gehen modulare Struktur und Operationsraum des Programmes explizit in die Auswertung ein; es sollte deshalb mit zusätzlichem Analyseaufwand sichergestellt werden, daß für diese beiden Punkte eine Eins-zu-eins Korrespondenz zwischen der Konzeption, der Entwurfsspezifikation und dem Programm besteht.

Ferner ist zu beachten, daß der Test eine sehr große Anzahl von Testfällen benötigt, um befriedendige Aussagen zu ermöglichen. Dies setzt zum einen kurze Laufzeiten des

Programmes voraus, zum anderen muß der Abnahmetest automatisch mit möglichst wenigen Eingriffen durch Menschen durchgeführt werden können. Insbesondere die Prüfung der Ergebnisse des Programms muß automatisch möglich sein, was eine genaue Definition dessen vorausgesetzt, was als fehlerhafte Ausgabe zu gelten hat.

All diese Gesichtspunkte zeigen deutlich, daß ein probabilistischer Abnahmetest am ehesten für Echtzeitprogramme, wie sie z. B. zur Regelung industrieller Anlagen eingesetzt werden, geeignet ist, sofern die Probleme einfach sind, so daß sich keine regelungstechnischen Probleme ergeben und der Nachweis, daß die Grobstruktur dem Problem angemessen ist, sich leicht erbringen läßt. Für den Kontext der Programme, das heißt, die zu kontrollierenden technischen Systeme, werden Risikoanalysen erstellt, innerhalb derer das unerwünschte Systemverhalten auf unerwünschtes Komponentenverhalten zurückgeführt wird. Wo in solche Risikountersuchungen Ausfallereignisse von Programmen eingehen, läßt sich daraus ableiten, welches Verhalten im Rahmen der Untersuchung als Fehlverhalten einzustufen ist.

Da man generell nicht davon ausgehen kann, daß das Operationsprofil des Programmes vollständig bekannt ist, muß dieses ermittelt werden. Da ohnehin vorausgesetzt werden mußte, daß das Verhalten des Programmes in seiner Umgebung vollständig bekannt ist, könnte man diese Kenntnis nutzen, um das Operationsprofil analytisch zu ermitteln. Dieser Weg wird hier nicht weiter verfolgt, da er aufgrund der in etwas komplexeren Programmen enthaltenen Diskontinuitäten (Fallunterscheidungen) mit sehr hohem Aufwand verbunden wäre. Statt dessen wird hier der Weg, das Operationsprofil empirisch zu messen, beschritten. Da zum Operationsraum nicht nur die Eingänge des Programmes, sondern auch die internen Speicher gehören, ist ein solches Messen nur auf der Grundlage einer instrumentierten Version des Programmes möglich, die benötigten Werte der internen Speicher (bzw. eine Häufigkeitsverteilung dieser

Werte) nach außen mitteilt. Um die instrumentierte Version erstellen zu können, ist die Kenntnis der PPS erforderlich. Somit ergeben sich die folgenden Schritte zur Vorbereitung und Durchführung eines probabilistischen Abnahmetests, die in den folgenden Abschnitten näher erläutert werden.

- Identifikation der PPS
- Erstellen einer instrumentierten Version (IV) des Programmes
- Einbau der IV in eine Testumgebung
- Ermittlung des betrieblichen Operationsprofils
- Festlegung des Testoperationsprofils
- Durchführung des Tests mit Originalversion des Programms

Zur Veranschaulichung der nachfolgenden Abschnitte sei ausdrücklich auf das ausführliche Beispiel im Anhang 2 verwiesen.

5.1 Zerlegung des Programms in PPS

Wie oben bereits aufgeführt, sollte die modulare Struktur bereits in der Designphase des Programms festgelegt werden, so daß diese Zerlegung mit dem Programm bereits vorliegt. Die Zerlegung beginnt bei den Eingangsgrößen des Programms, wobei immer zwei Eingänge, die miteinander verknüpft sind, oder ein Eingang mit einer internen Variablen zu einer PPS zusammengefaßt werden. Nachdem auf diese Weise die den Eingängen zunächst liegende "Schicht" des Programms erfaßt ist, wird mit den so entstandenen Ausgängen von PPS, so weit sie mit anderen Größen verknüpft werden, genauso verfahren, bis daß das ganze Programm zerlegt ist. Es ist zu beachten, daß der Kontrollfluß in dieser Zerlegung nicht Berücksichtigung findet, so daß die Spezifikation in der so entstandenen Struktur nicht vollständig enthalten ist.

5.2 Erstellung einer instrumentierten Version

Die zu erstellende instrumentierte Version des Programms soll zum Messen des Operationsprofils jeder PPS dienen. Dieses Operationsprofil ist die Verteilungsfunktion der Eingänge dieser PPS, welche empirisch geschätzt werden soll. Da die Ausprägungen in der Regel nicht unabhängig von einander sein werden, muß die Verbundverteilungsfunktion erfaßt werden. Eine Möglichkeit, sie zu gewinnen, wäre, alle Zweierkombinationen, wie sie an den Eingängen auftreten, mit ihrer Häufigkeit zu speichern. Hierbei wäre jedoch mit einer solchen Menge an Daten umzugehen, daß der Aufwand als prohibitiv erscheint. Man wird das Problem näherungsweise dadurch lösen, daß man die Werte der Eingangsvariablen partitioniert, d. h. sie in disjunkte Klassen einteilt und eine Schätzung auf der Basis der Häufigkeiten der Klassen durchführt. Hierzu ist eine Datenstruktur erforderlich, die eine Matrix enthält, deren Elemente zur Akkumulation der Häufigkeiten der Partitionen dienen, und eine Art Achsenbeschriftung, aus der hervorgeht, für welche Wertebereiche der Eingangsvariablen welches Matrizzenelement zuständig ist. Die Instrumentierungsroutine wird die der gerade aufgerufenen PPS zugehörige Datenstruktur, sowie die Ausprägungen der beiden Eingänge als Parameter erhalten. Anhand der Achsenbeschriftung wird sie feststellen, in welche Partition die Eingänge fallen, und das entsprechende Feld der Matrix um eins inkrementieren. Die Datenstrukturen, von denen für jede PPS eine benötigt wird, können als ein Feld (array) oder eine Datei, die dann jedoch eine direkte Zugriffmöglichkeit bieten sollte, implementiert werden.

Diesem Vorgehen liegt die Annahme zugrunde, daß sich ähnliche Werte der Variablen bezüglich ihrer Häufigkeit ähnlich verhalten werden. Bei externen Größen des Programms, insbesondere, wenn es sich um die oben erwähnte Echtzeitsoftware oder auch nur um ein Programm zur Zahlenverarbeitung handelt, wird diese Annahme zutreffen, da es sich um kontinuierliche physikalische Größen handelt, die in der Regel keine Sprünge aufweisen. Bei Werten innerhalb des Programms können die Verhältnisse ganz anders sein, wie z. B. bei Schleifen (siehe Abschnitt 4.3.2). Hier ist bei der Wahl der Partitionen entsprechend vorsichtig vorzugehen.

5.3 Anforderungen an die Testumgebung

Zweck der Testumgebung ist die empirische Ermittlung des betrieblichen Operationsprofils jeder PPS. Aus diesem Grund muß die Testumgebung in der Lage sein, daß betriebliche Verhalten der Umgebung des Programmes mit hinreichender Realitätsnähe nachzubilden. Ferner muß sie die Datenstrukturen, in welche die Instrumentierungsroutinen ihre Werte ablegen, zur Verfügung stellen.

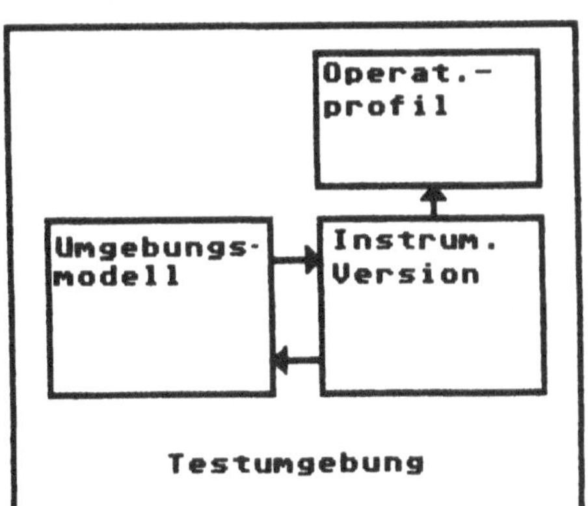

Abb. 5-1: *Testumgebung zur Ermittlung des Operationsprofils*

Mit dem Begriff "Realitätsnähe" ist hier gemeint, daß dieselben Werte, wie sie auch im Betrieb vorkommen, in derselben Reihenfolge auch im Modell erscheinen. Das Echtzeitverhalten braucht hier nicht emuliert zu werden; es ist möglich und aus Effizienzgründen oft sogar angebracht, die Testumgebung nicht auf dem Zielrechner, sondern auf einer leistungsfähigen Großrechenanlage zu implementieren.

5.4 Ermittlung des betrieblichen Operationsprofils

Vor der Ermittlung des eigentlichen Testoperationsprofils steht die Ermittlung des betrieblichen Operationsprofils. Dieser Schritt ist vorgeschaltet, weil er dem Analytiker profunde Kenntnisse darüber vermittelt, welche Werte die Variablen des Programmes im Betrieb annehmen werden. Dies kann u. U. die Kardinalität der zu testenden Operationsräume beträchtlich einschränken. Auf der Basis des betrieblichen Operationsprofils ist es möglich, den für ein gegebenes Zuverlässigkeitsniveau erforderlichen Testaufwand zu schätzen, indem man die im Kapitel 4 hergeleiteten Gleichungen für einige Werte von k, die den geplanten Testaufwand bestimmen, auswertet. Hierzu sind im Anhang 1 Schätzgleichungen angegeben. In einfach gelagerten Fällen gelangt man auf diese Weise zu einem einphasigen Test. Jedoch kann es sich auch als erforderlich erweisen, das betrieblich Operationsprofil zu modifizieren, wenn es direkt keinen hinreichend effizienten Test erlaubt.

5.5 Konstruktion des Testoperationsprofils

Wenn sich das betriebliche Operationsprofil als unzulänglich für einen effizienten Test erweist, so muß man die Gründe hierfür herausfinden. Es sind hierfür zwei Gründe möglich. Zum einen könnte eine PPS ein sehr stark von der Gleichverteilung abweichendes Operationsprofil haben, wodurch größere Bereiche des Operationsraumes sehr selten getroffen werden. Da der interessierende Betriebszeitraum jedoch im allgemeinen größer ist, als ein geplanter Testzeitraum, werden diese Bereiche im Beobachtungsintervall mit signifikanter Häufigkeit vorkommen, was das Ergebnis verschlechtert. Zum anderen ist es möglich, daß bestimmte Teile des Programmes zu selten aufgerufen werden, als daß eine Aussage über die Zuverlässigkeit möglich wäre. Beides läßt sich durch entsprechende Änderungen des Operationsprofils abmildern.

Beim Versuch, die Teststrategie zu optimieren, lassen sich primär jedoch nur lokale Wirkungen erzielen, d. h. wenn eine PPS mit einer großen Häufigkeit optimal getestet wird, so bedeutet dies, daß eine andere weniger effizient vom Test betroffen sein wird. Hier bietet sich das mehrphasige Testmodell an (siehe Abschnitt 4.2.3), denn es gestattet, den Test nacheinander auf verschiedene Teile des Programmes zu konzentrieren.

Eine systematische Optimierung der Teststrategie wurde in dieser Arbeit nicht gefunden, jedoch kann der Analytiker durch Änderungen der Operationsprofile und der Dauern der einzelnen Phasen den Plan solange verbessern, bis ein zufriedenstellendes Ergebnis erreicht ist.

5.6 Durchführung des Tests

Die bis hierher genannten Schritte ermöglichen lediglich Aussagen der Art, daß, wenn ein Test mit einer bestimmten Anzahl von Phasen von jeweils festgelegter Dauer und festgelegtem Profil der Eingangsvariablen des Programmes bestanden wird, das Programm für einen bestimmten Zuverlässigkeitslevel qualifiziert ist. Hierzu muß der Test jedoch erst einmal bestanden werden. Für diesen, den eigentlichen Abnahmetest kann man nicht mehr auf eine instrumentierte Version, noch dazu auf anderer Hardware zurückgreifen. Es soll schließlich nicht die instrumentierte Version, sondern das wirkliche Programm getestet werden, das auf der Originalhardware laufen muß.

Dies bedeutet, daß man das Programm auf der für den realen Einsatz geplanten Hardware in einem Versuchsstand, wie in Abb. 5-2 dargestellt, betreiben muß, der die Eingänge des Programmes erzeugt, und die Ausgänge mißt und auf Eintreten eines unerwünschten Ereignisses prüft.

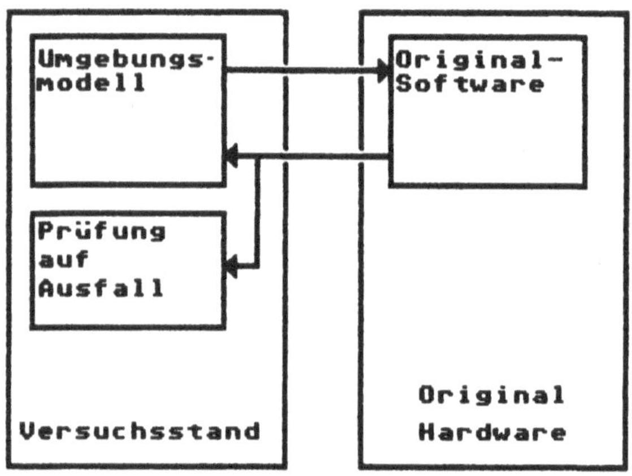

Abb. 5-2: *Automatischer Abnahmetest in einem Versuchstand*

Der Versuchsstand muß offensichtlich ein Umgebungsmodell enthalten, ebenso wie die oben beschriebene Testumgebung; jedoch kann die Kopplung jetzt nicht mehr softwaremäßig erfolgen, sondern muß durch Hardware geschehen, weil das reale Programm seine Inputs von außen bezieht. Auf einem oder mehreren solcher Versuchsstände wird der Test durchgeführt. Dies kann bzw. sollte automatisch geschehen, weil sich Testdauern von mehreren Wochen oder Monaten ergeben können. Falls der Test bestanden wird, d. h. kein unerwünschtes Ereignis eintrat, ist das Programm für den entsprechenden Zuverlässigkeitslevel qualifiziert. Falls Fehler auftreten, so ist eine Untersuchung durchzuführen, die die Fehlerdomäne bestimmt. Da das betriebliche Operationsprofil inzwischen bekannt ist, kann prinzipiell die Wahrscheinlichkeit, daß ein solcher Fehler während eines Laufes auftritt, berechnet werden. Ist diese hinreichend gering, so kann man den Fehler im System belassen. Sollte entschieden werden, daß der Fehler korrigiert werden muß, so kann man die bisherigen Testresultate nur für solche PPS weiterverwerten, die durch die Korrektur nicht betroffen wurden. Wegen der anderen muß die Testumgebung erneut in Betrieb genommen werden, um festzustellen, ob die Operationsprofile sich geändert haben, und die Teststrategie gegebenenfalls modifiziert werden muß.

5.7 Aufwandsschätzung

Wenn man den Aufwand des hier vorgestellten Testverfahrens mit einem normalen Abnahmetest vergleicht, so hängt das Ergebnis eines solchen Vergleiches selbstverständlich davon ab, was man denn als einen normalen Abnahmetest auffassen will. So wird der Aufwand für einen automatischen Test von Praktikern als etwa fünf mal so hoch wie für einen Test von Hand angesetzt. Geht man davon aus, daß ein gründlicher Abnahmetest für Echtzeitsoftware ohne einen Versuchstand kaum praktikabel erscheint, und schätzt man den Aufwand, den man für die Erstellung der Testumgebung und der instrumentierten Version benötigt, als in etwa mit dem für den Versuchstand vergleichbar ein, so werden sich die Testvorbereitungskosten verdoppeln. Bei sorgfältiger Planung wird man jedoch Testumgebung und Versuchsstand nicht als völlig unabhängige Teilprojekte behandeln, sondern vieles vom einen System in das andere portieren können, so daß eine weitere Kostenverdoppelung eher eine obere Grenze darstellt. Schwieriger ist schon der Aufwand bei der Konstruktion des u. U. mehrphasigen Testoperationsprofils abzuschätzen; dieser dürfte in starkem Maße von den zur Verfügung stehenden Hilfsmitteln (Werkzeuge, die den Analytiker unterstützen) abhängen.

Es läßt sich sicher nicht leugnen, daß ein solcher Test teurer ist als ein gewöhnlicher, deshalb wird er sicherlich nur bei Software mit sicherheitsrelevanten Funktionen eingesetzt werden. Dort ist er auch angebracht; setzt man die Testkosten mit den Folgekosten eines einzigen schweren kerntechnischen oder chemischen Unfalls, oder auch nur eines längeren Produktionsausfalls in Beziehung, so wird der Vergleich in aller Regel sicherlich zugunsten eines etwas höheren Testaufwandes ausfallen.

6. Unsicherheits- und Sensitivitätsanalyse

Eine Reihe von Annahmen, Größen und Modellen, die im Rahmen von Zuverlässigkeitsanalysen benötigt werden, sind nicht genau bekannt. Die Identifikation, Auswertung und Gegenüberstellung der dadurch bedingten Unsicherheiten ist ein wichtiger Schritt bei der Durchführung einer Zuverlässigkeitsuntersuchung: er ermöglicht eine bessere Einsicht in die Ergebnisse und deren Interpretation, erhöht ihre Glaubwürdigkeit und erleichtert ihre Nutzung als Entscheidungsgrundlage.

6.1 Klassifizierung von Unsicherheiten

Man unterscheidet grundsätzlich zwischen Unsicherheiten aufgrund von

- inhärent vorhandenen zufälligen Variationen von Einflußgrößen und

- ungenauem Kenntnisstand.

Variationen der Ergebnisse aufgrund von Unsicherheiten der ersten Kategorie liegen in der Natur der Sache und können durch Verbesserung der Analysemethoden nicht verringert werden. Dagegen können Unsicherheiten aufgrund ungenauer Kenntnis durch Verbesserung des Wissensstandes abgebaut werden.

Zur weiteren Veranschaulichung der prinzipiellen Unterschiede zwischen beiden Kategorien von Unsicherheiten sei folgendes Beispiel aufgeführt: Bei der Bestimmung der Ausfallrate eines Programmes zur Regelung eines verfahrenstechnischen Prozesses steht eine Datenbasis zur Verfügung, die während der Austestphase dieses Programmes gewonnen wurde. Wird nun mittels eines einschlägigen Zuverlässigkeitswachstummodells eine Ausfallrate aus obiger Datenbasis ermittelt und dem Programm zugeordnet, so wird sie mit

- Unsicherheiten bezüglich der Frage, inwieweit die ermittelte Ausfallrate die speziellen Gegebenheiten beim Einsatz des Programmes (hier: Unterschied zwischen Testoperationsprofil und betrieblichem Operationsprofil) gebührend berücksichtigt, und mit

- statistischen Unsicherheiten, die aus der limitierten Anzahl von Einträgen in der Datenbasis herrühren

behaftet sein.

Erhöhung des Aufwandes durch Vergrößerung des Umfanges der Datenbasis kann lediglich die statistischen Unsicherheiten verringern. Unsicherheiten, die durch die Variabilität der Einsatzbedingungen von Anlage zu Anlage bedingt sind, bleiben dagegen weitgehend unberührt. Nur durch eine gezielte qualitative Erweiterung der Datenbasis, d. h. Erfassung der fehlenden Information und ihre Berücksichtigung in verfeinerten Modellen lassen sich die aus unvollständigem Kenntnisstand herrührenden Unsicherheiten wirksam verringern.

Das Modell, das in Kapitel 4 entwickelt wurde, berücksichtigt die Operationsprofile der Programme explizit und muß somit als ein Beitrag gewürdigt werden, der durch Modellierung zusätzlicher Gegebenheiten die auf mangelnde Kenntnis beruhende Unsicherheiten einschränkt. Da der Einfluß der Verteilung der Eingangsgrößen als erheblich angesehen wird, wird der dadurch erreichte Fortschritt an Genauigkeit als ebenfalls beträchtlich eingeschätzt; es liegt jedoch in der Natur der Sache, daß man diesen Effekt nicht mit Zahlen belegen kann. Auch kann nicht von einer vollständigen Aufhebung der Unkenntnis die Rede sein; verbleibende Modellunsicherheiten werden im Abschnitt 6.3 diskutiert, während der nächste Abschnitt der statistischen Absicherung des Verfahrens gewidmet ist.

6.2 Statistische Absicherung des Verfahrens

Beim betrachteten Verfahren treten an zwei Stellen Ungenauigkeiten aufgrund mangelndem Umfangs des Datenbestandes auf. Zum einen werden die Operationsprofile durch Simulation ermittelt. Die Abweichung des gemessenen Operationsprofils vom tatsächlichen bewirkt einen Fehler, der allerdings kaum quantifizierbar ist. Insbesondere an Stellen, an denen das empirische Profil den Wert 0 aufweist, sind Annahmen erforderlich, ob dies stimmt, oder ob solche Eingaben bei hinreichend langem Beobachtungszeitraum nicht doch mit endlicher Wahrscheinlichkeit auftreten. Diese Fragestellung soll mit unter den Modellunsicherheiten subsummiert werden.

Geht man davon aus, daß das Operationsprofil hinreichend genau bestimmt wurde, so hängt die Variabilität der Ausfallwahrscheinlichkeit über l Läufe p_l nur von der Fehlerdomäne m ab. Im Rahmen des Modells ist die Unkenntnis von m dergestalt berücksichtigt, daß sie als Zufallsvariable M betrachtet wird. Wäre die Ausprägung von M bekannt, so wäre p_l gleichfalls bekannt als

$$p_l = W\{\overline{A^l} \mid M = m\} = 1 - (1 - \sum_{j \in m} p_j)^l = g(m) \tag{6-1}$$

Da die Verteilung von M (als Posteriorverteilung aufgrund des bestandenen Tests) ermittelt wurde und p_l eine Funktion von m ist, ist die Verteilung von P_l (hier als Zufallsvariable aufgefaßt) implizit gegeben. Die Verteilung von M lautet unter Verwendung eines generalisierten Priors (siehe Kapitel 7):

$$W\{M = m \mid \bar{A}^k\} = \frac{W\{\bar{A}^k \mid M = m\}\; W\{|M|=|m|\}}{\binom{N}{|m|} \sum\limits_{\forall x} \frac{W\{\bar{A}^k \mid M = x\}\; W\{|M|=|x|\}}{\binom{N}{|x|}}} \tag{6-2}$$

Bei solcherart komplizierten Zusammenhängen ist es übliche Praxis [*Hengartner*-78], die Verteilung von P_1 empirisch mit der Monte–Carlo-Methode zu ermitteln. Hierzu wird nach der oben gegebenen Verteilung von M eine hinreichende Anzahl von Ausprägungen ausgespielt, für die die resultierenden Werte von $p_1 = g(m)$ berechnet und aufgezeichnet werden. Lediglich für einfache Operationsprofile, wie das gleichverteilte, läßt sich die Formel weiter vereinfachen.

Mit der Annahme gleichverteilter Operationsprofile, sowie der informationslosen Priorverteilung erhält man ausgehend von (4-14)

$$W\{\bar{A}^k \mid M = m\} = \left(1 - \frac{|m|}{N}\right)^k \tag{6-3}$$

und (analog zu (4-11))

$$W\{|M|=|m|\} = \frac{1}{N+1} \tag{6-4}$$

Daraus ergibt sich nach Einsetzen in die obige Gleichung (6-2)

$$W\{M = m \mid \bar{A}^k\} = \frac{\frac{1}{\binom{N}{|m|}} \left(1 - \frac{|m|}{N}\right)^k}{\sum\limits_{\forall x} \frac{1}{\binom{N}{|x|}} \left(1 - \frac{|x|}{N}\right)^k} \tag{6-5}$$

Mit der bereits bekannten Näherung (4-23) über die Exponentialfunktion wird die Summe im Nenner zu einer geometrischen Reihe; nach einigen Umformungen ergibt sich:

$$W\{M = m \mid \bar{A}^k\} \approx \frac{1}{\binom{N}{|m|}} \exp\left(-k\frac{|m|}{N}\right) \left(1 - \exp\left(-\frac{k}{N}\right)\right) \tag{6-6}$$

Setzt man auch für das betriebliche Operationsprofil die Gleichverteilung an, so erhält man aus (4-15)

$$p_l = W\{\overline{\overline{A}^l} \mid M = m\} = 1 - (1 - \frac{|m|}{N})^l = g(m) \qquad (6\text{-}7)$$

Nun ist das Ereignis, daß P_l eine bestimmte Ausprägung p_l annimmt äquivalent mit dem Ereignis, daß M eine von den Realisierungen annimmt, die zu p_l führen. Wegen der Unvereinbarkeit der m folgt sofort

$$W\{P_l = p_l \mid \overline{A}^k\} = \sum_{\forall m \mid g(m)=p_l} W\{M = m \mid \overline{A}^k\} \qquad (6\text{-}8)$$

Es zeigt sich, daß immer gerade $\binom{N}{|m|}$ Terme auf dasselbe p_l führen; somit ergibt sich die folgende Tabelle durch Auswertung der obigen Beziehungen (6-7) und (6-8).

$\lvert m\rvert$	p_l	$W\{P_l = p_l\}$
0	0	$1 - \exp(-\frac{k}{N})$
1	$1 - (1 - \frac{1}{N})^l$	$\exp(-\frac{k}{N})\left(1 - \exp(-\frac{k}{N})\right)$
2	$1 - (1 - \frac{2}{N})^l$	$\exp(-\frac{2k}{N})\left(1 - \exp(-\frac{k}{N})\right)$
...	...	...

Abb. 6-1: *Tabellarische Darstellung der der Verteilung der Ausfallwahrscheinlichkeit zur Bestimmung von Konfidenzintervallen*

Die so gegebene Verteilung von P_l kann zur Bildung von Konfidenzniveaus für p_l herangezogen werden; solange l nicht zu groß wird, ist dies ohne weiteres möglich. Bei großen Laufzeiten degeneriert die Verteilung jedoch zu einer Sprungfunktion, d. h. p_l nimmt nur die Werte 0 ($|m|=0$) und 1 ($|m| \neq 0$) an. Dabei gilt

$$W\{P_\infty = 0\} = 1 - \exp(-\frac{k}{N})$$

$$\text{und} \quad W\{P_\infty = 1\} = \exp(-\frac{k}{N}) \tag{6-9}$$

Zudem ist offensichtlich $E\{p_\infty\} = \exp(-\frac{k}{N}) = p_f$, die in Abschnitt 4.2.2 für den Fall gleichverteilter Operationsprofile gefundene Fehlerwahrscheinlichkeit (4-27).

6.3 Modellunsicherheiten

Durch die explizite Berücksichtigung der Operationsprofile ist es möglich, die Modellunsicherheiten von Softwarezuverlässigkeitsbestimmungen beträchtlich zu verringern. Das darf jedoch nicht darüber hinwegtäuschen, daß - da kein Modell exaktes Abbild der Wirklichkeit sein kann - auch hier Modellunsicherheiten verbleiben, die nicht notwendigerweise gering gegen die statistisch meßbaren Unsicherheiten aufgrund mangelnder Daten sind. Eine große Klasse dieser Unsicherheiten läßt sich zusammenfassen in die Kategorie "Analytische Fehler". Obwohl viele Zuverlässigkeitsanalysen sich auch mit der Möglichkeit menschlichen Fehlverhaltens beschäftigen, wurde das Verhalten des Analytikers, der diese Analysen von oft beträchtlichem Umfang und Komplexität erstellt, bisher nicht genauer modelliert. Lediglich durch Einsatz von Methoden des Qualitätsmanagement und Peer-Reviews versucht man, diesem Problem beizukommen.

Eine vollständige Zuverlässigkeitsanalyse für ein Programm auf der Basis eines Abnahmetests umfaßt nicht nur die Vorbereitung und Durchführung des Tests als solchen, sondern sie erfordert auch die Vorabuntersuchung auf nicht erfaßbare Entwurfsfehler, die Prüfung der modularen Struktur und die Erstellung und Implementation eines Umgebungsmodells. All diese Aufgaben sind prinzipiell fehlerträchtig und determinieren somit die Qualität der Analyse an sich.

Eine weitere Kategorie von Modellunsicherheiten sind "Fehlerhafte bzw. ungenaue Modellannahmen". Jedes Modell muß vereinfachen, um zu brauchbaren Ergebnissen zu gelangen. Im vorliegenden Modell wird so getan, als ob die Eingänge einer Substruktur zufällig und unabhängig von der Vergangenheit gewählt würden. Dies ist generell eine verkehrte Annahme. In vielen Fällen, nämlich, wenn die Zeiten, die die Wahl einer Eingabe beeinflußen, kurz sind gegen die Testdauer und das Programm sich ergodisch verhält, sollte dies nichts ausmachen. In anderen Fällen kann man sich durch separate Betrachtung rekurrenter Klassen helfen. Der Fehler, der durch diese vereinfachenden Annahmen in die Analyse eingeht, ist jedoch kaum zu quantifizieren.

Erst, wenn einige Programme mit diesem Modell analysiert worden sind, ist ein endgültiges Urteil über die Grenzen, die durch die Modellannahmen gesetzt sind, möglich.

7. Ein Ansatz zur Berücksichtigung der Resultate eines Zuverlässigkeitswachstummodells bei der Bewertung eines Abnahmetests

Bei der bisherigen Betrachtung wurde davon abgesehen, von vergangenen Testphasen des Programms Kenntnis zu nehmen. Da ein Abnahmetest erst nach einer ausführlichen Austestphase, in der die Fehler des Programms gefunden und eliminiert werden sollen, stattfindet, liegt es auf der Hand, diesen Aufwand, der bereits für die Zuverlässigkeit des Programmes investiert wurde, zu berücksichtigen. Im folgenden wird davon ausgegangen, daß während der Austestphase ein Zuverlässigkeitswachstummodell angewandt wurde. Dies bedingt, daß Aufzeichnungen über fehlerfreie Laufzeiten existieren, sowie Schätzungen über die Ausfallraten eines jeden Intervalls und eine Prognose für die Ausfallrate nach der Austestphase. Unter der Anwendung der Bayes'schen Methode wird im folgenden der Versuch unternommen, diese Kenntnis als Priorinformation in das Abnahmetestmodell einfließen zu lassen.

7.1 Herleitung einer Priorverteilung

Zunächst erscheint die Anwendung des Bayes'schen Verfahrens fast trivial, da das Abnahmetestmodell bereits ein Bayes'sches Modell ist. Jedoch ist für dieses Modell eine Priorverteilung für die Ausprägung der Fehlerdomäne M erforderlich, welche nicht unmittelbar aus dem Wachstumsmodell hervorgeht. Es sind deshalb einige zusätzliche Annahmen erforderlich, die vielleicht nicht immer realitätsnah sind, jedoch die weitere Analyse erst ermöglichen. Da es sich ja lediglich um die Gewinnung von apriori-Information handelt, erscheint es als erlaubt, anzunehmen, daß

- Ausprägungen von M von gleicher Kardinalität die gleiche Wahrscheinlichkeit haben (diese Annahme wurde auch für das Abnahmetestmodell getroffen)

- das unbekannte Operationsprofil während der Austestphase als gleichverteilt angesetzt werden kann (diese etwas unrealistische Annahme erfolgt mangels besseren Wissens und aus Gründen der rechnerischen Vereinfachung).

Aus der ersten Annahme folgt sofort

$$W\ \{M=m\} = \frac{W\ \{\,|M|=|m|\}}{\binom{N}{|m|}} \tag{7-1}$$

Somit reduziert sich das Problem darauf, aus der vorliegenden Information eine Verteilung für die Kardinalität der Fehlerdomäne zu gewinnen. Aus der zweiten Annahme folgt für die Ausfallwahrscheinlichkeit pro Lauf p

$$p = \frac{|m|}{N} = W\ \{A \mid M = m\} \tag{7-2}$$

Betrachtet man nunmehr die gemessene Zeit bis zum letzten Fehler, so läßt diese sich unter Berücksichtigung der Art des Austestens in eine Anzahl von X fehlerfreien Läufen, die von einem fehlerbehafteten Lauf beendet wird. Für die Zufallsvariable X kann man bei gegebenem p schreiben

$$W\ \{X=x \mid p\} = (1 - p)^{x-1}\ p \tag{7-3}$$

Die Größe X ist die Wartezeit bis zu ersten Eintreffen eines Bernoulliexperimentes; die Verteilung ist als geometrische Verteilung bekannt [*Menges*-68]. Einsetzen ergibt

$$W\ \{X=x \mid |m|\} = \left(1 - \frac{|m|}{N}\right)^{x-1} \frac{|m|}{N} \tag{7-4}$$

Hieraus läßt sich durch Anwenden des Satzes von Bayes eine Wahrscheinlichkeitsaussage für |m| gewinnen. Mit einem informationslosen Prior (W {|M|=|m|} = const) ergibt sich

$$W\ \{|M|=|m|\ |\ x\} = \frac{W\ \{X=x\ |\ |m|\}}{\sum\limits_{\forall |m|} W\ \{X=x\ |\ |m|\}} \tag{7-5}$$

Setzt man für die Summe im Nenner, die nur noch von x abhängt, abkürzend I (x), so erhält man mit (7-4)

$$W\ \{|M|=|m|\ |\ x\} = \frac{(1 - \frac{|m|}{N})^{x-1}\ \frac{|m|}{N}}{I\ (x)} \tag{7-6}$$

Diese Verteilung gilt jedoch nur für die fehlerfreie Laufzeit vor dem letzten Ausfall. Der Fehler, der zu diesem Ausfall führte, ist jedoch korrigiert worden, was in der obigen Formel noch nicht berücksichtigt ist. Die Korrektur des Fehlers wird eine Änderung von |m| zur Folge haben. Um das Ausmaß dieser Änderung zu schätzen, werden nunmehr die Resultate des Zuverlässigkeitswachstummodells betrachtet. Das Wachstummodell liefert sowohl für die abgelaufene Laufzeit, als auch für die folgende Schätzungen für die Ausfallraten λ_t und λ_{t+1}. Wenn man diese Raten in Ausfallwahrscheinlichkeiten pro Anforderung p_t und p_{t+1} umrechnet, so kann man die Auswirkung der Fehlerkorrektur schätzen als

$$\Delta|m| = (p_t - p_{t+1})\ N \tag{7-7}$$

Damit ergibt sich für die Situation nach der Korrektur und vor dem Abnahmetest die oben gewonnene Gleichung um $\Delta|m|$ nach links verschoben. Die Formel lautet:

$$W\ \{|M|=|m|\ |\ x\} = \begin{cases} 0 & \text{für } |m|\leq 0 \text{ und } |m|>N-\Delta|m| \\ \dfrac{(1 - \frac{|m|+\Delta|m|}{N})^{x-1}\ \frac{|m|+\Delta|m|}{N}}{I'\ (x)} & \text{sonst} \end{cases} \tag{7-8}$$

7.2 Analyse der Eigenschaften der Priorverteilung

Die oben ermittelte Verteilung für die Kardinalität der Fehlerdomäne vor der letzten Korrektur liefert die Wahrscheinlichkeit 0 für jeweils $|m|=0$ und $|m|=N$. Dazwischen hat sie ein Maximum an der Stelle $|m| = \frac{N}{x}$. Für die Priorverteilung, wie sie sich nach der Korrektur des letzten aufgetretenen Fehlers ergibt, sind prinzipiell zwei Verläufe denkbar: Falls $\Delta|m| > \frac{N}{x}$, liegt das Maximum bei $|m| = 0$, sonst jedoch rechts davon. Die Abb. 7-1 dient zur Veranschaulichung dieser Verhältnisse. Das Maximum der Priorverteilung gibt jedoch an, welche Kardinalität der Fehlerdomäne aufgrund der Vorinformation die wahrscheinlichste ist. Besagt die Vorinformation, daß mit höchster Wahrscheinlichkeit noch Fehler im Programm sind, so kann sich dies nur verschlechternd auf die Bewertung des Abnahmetests auswirken. Im anderen Falle ist zu erwarten, daß die Vorinformation die Testergebnisse verbessert. Im nächsten Abschnitt wird dies für das gleichverteilte Testoperationsprofil untersucht. Vorher soll hier noch festgehalten werden, daß aus diesen Argumenten ein Kriterium folgt, wann, sofern man einen vollständig abdeckenden Abnahmetest anstrebt, man die Austestphase beenden soll, nämlich dann, wenn der wahrscheinlichste Wert der Kardinalität der Fehlerdomäne bei $|m| = 0$ liegt.

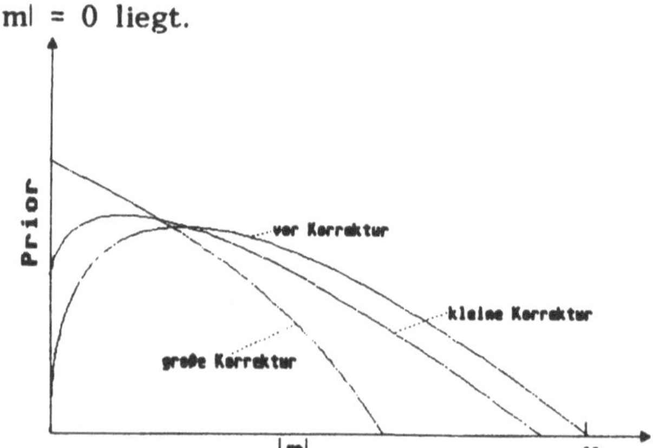

Abb. 7-1: *Bernoulliverteilter Prior mit Berücksichtigung des Effekts von Fehlerkorrekturen*

7.3 Ableitung analytischer Formeln bei gleichverteiltem Testoperationsprofil

Mit der modifizierten Priorverteilung soll für den Fall eines gleichverteilten Testoperationsprofils das Verhalten für die Ausfallwahrscheinlichkeit nach einem Abnahmetest untersucht werden. Die Gleichung unter Verwendung des modifizierten Priors lautet

$$W\{\overline{A^l} \mid \overline{A}^k\} =$$

$$= \frac{\sum\limits_{\forall m} \frac{W\{|M|=|m|\}}{\binom{N}{|m|}} \left[\left(1 - \sum\limits_{j \in m} p_j\right)^k - \left(1 - \sum\limits_{j \in m} p_j\right)^{k+l} \right]}{\sum\limits_{\forall m} \frac{W\{|M|=|m|\}}{\binom{N}{|m|}} \left(1 - \sum\limits_{j \in m} p_j\right)^k} \qquad (7\text{-}9)$$

Wie schon im Abschnitt 4.2.1 wird diese Gleichung nach gleicher Kardinalität der Fehlerdomäne umgeordnet.

$$W\{\overline{A^l} \mid \overline{A}^k\} = \frac{(S_{1k} - S_{1kl}) + (S_{2k} - S_{2kl}) + \ldots}{1 + S_{1k} + S_{2k} + S_{3k} + \ldots} \qquad (7\text{-}10)$$

$$S_{1k} = \frac{W\{|M|=1\}}{\binom{N}{1}} \sum_{i=1}^{N} (1 - p_i)^k$$

$$S_{1kl} = \frac{W\{|M|=1\}}{\binom{N}{1}} \sum_{i=1}^{N} (1 - p_i)^{k+l}$$

$$S_{2k} = \frac{W\{|M|=2\}}{\binom{N}{2}} \sum_{i=1}^{N-1} \sum_{j=i+1}^{N} (1 - (p_i + p_j))^k$$

$$S_{2kl} = \frac{W\ \{|M|=2\}}{\binom{N}{2}} \sum_{i=1}^{N-1} \sum_{j=i+1}^{N} (1 - (p_i + p_j))^{k+l} \qquad (7\text{-}11)$$

etc.

Für große l ergibt sich für

$$p_f = \lim_{l \to \infty} W\ \{\overline{\overline{A}^l} \mid \overline{A}^k\}$$

mit den bereits eingeführten Näherungen (4-23)

$$p_f = \frac{\sum_{i=1}^{N} W\ \{|M|=i\}\ (1 - \frac{i}{N})^k}{\sum_{i=0}^{N} W\ \{|M|=i\}\ (1 - \frac{i}{N})^k}$$

$$= \frac{\sum_{i=1}^{N} W\ \{|M|=i\}\ (\exp\ (-k/N))^i}{\sum_{i=0}^{N} W\ \{|M|=i\}\ (\exp\ (-k/N))^i}$$

$$= \frac{\sum_{i=1}^{N} W\ \{|M|=i\}\ r^i}{\sum_{i=0}^{N} W\ \{|M|=i\}\ r^i} \qquad (7\text{-}12)$$

Es erscheint kaum praktikabel, die oben ermittelte Priorverteilung (7-8) direkt in diese Beziehung einzusetzen. Man kann jedoch den Ausdruck weiter vereinfachen, wenn man statt dessen näherungsweise einen linearen Zusammenhang ansetzt. Da die Terme der geometrischen Folge r^i schnell klein werden, dürfte es hinreichen, wenn nur die Verhältnisse für kleine i gut getroffen werden. Deshalb wird angesetzt:

$$W\ \{|M| = |m|\} = A + B\ i \qquad (7\text{-}13)$$

dabei ist A die Priorwahrscheinlichkeit für |M| = 0 und B die Steigung bei i=0 Damit erhält man

$$p_f = \frac{A \sum_{i=1}^{N} r^i + B \sum_{i=1}^{N} i\, r^i}{A \sum_{i=0}^{N} r^i + B \sum_{i=0}^{N} i\, r^i} \tag{7-14}$$

Nach Auswertung der Summen (für große N) ergibt sich

$$p_f = \frac{A \frac{r}{1-r} + B \frac{r}{1-r^2}}{A + A \frac{r}{1-r} + B \frac{r}{1-r^2}} = r \, \frac{1 - r + \frac{B}{A}}{1 - r + \frac{B}{A} r}$$

$$\approx \left(1 + \frac{B}{A}\right) r \qquad \text{(für kleine r)} \tag{7-15}$$

Dieses Ergebnis stimmt prinzipell überein mit den grundsätzlichen Überlegungen des vorigen Abschnittes. Dort wurde erwartet, daß die Prognose sich aufgrund einer Priorverteilung, deren Maximum bei |m|=0 liegt, verbessert, sonst jedoch verschlechtert. Liegt das Maximum jedoch im Nullpunkt, so heißt dies bei einem linearen Modell, daß $B < 0$ gelten muß. In diesem Fall wird auch p_f kleiner als die oben abgeleitete Fehlerwahrscheinlichkeit für den informationslosen Prior. Die Abb. 7-2 dient zur Veranschaulichung dieser Verhältnisse.

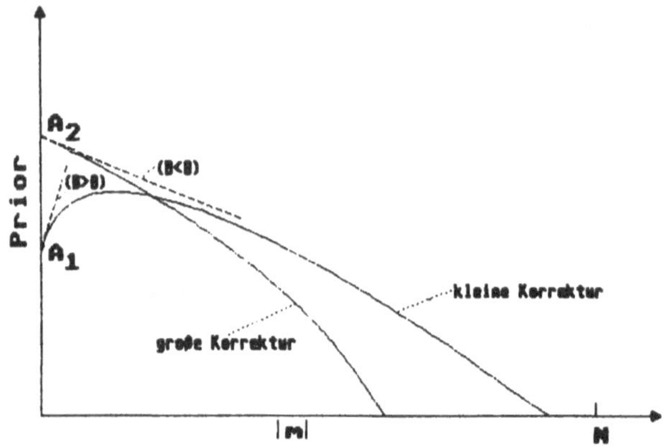

Abb. 7-2: *Linearisiertes Modell zur Verwendung beim Abnahmetest mit gleichverteiltem Operationsprofil*

7.4 Diskussion der Anwendbarkeit des Ansatzes

Die Grenzen des oben skizzierten Ansatzes sind nicht so sehr prinzipieller Natur, sondern sie liegen zum einen in den Annahmen, zum andern in numerischen Problemen. Eine Auswertung der Beziehung für die Fehlerwahrscheinlichkeit, wie sie im Anhang 2 für ein Beispiel durchgeführt wurde, ist nur näherungsweise möglich, wenn die Beiträge größerer Fehlerdomänen schnell klein werden. Insbesondere, wenn die Priorverteilung dies verhindert, wird der Aufwand an Rechenzeit schnell sehr groß. Sofern sie diesen Effekt jedoch noch verstärkt, kann die Auswertung sogar vereinfacht werden. Eine andere Schwierigkeit ist die Tatsache, daß für die Austestphase eine Annahme bezüglich des Operationsprofils erforderlich war. Hier ließe sich die Information in ihrer Qualität verbessern, indem man zusätzlich zu den Zeiten zwischen den Fehlern die Testgeschichte genauer aufzeichnet.

Eine Instrumentierung während des Austestens wird häufig bereits vorgenommen, um die erreichte Abdeckung zu kontrollieren; sie kann detaillierte Information liefern, wie oft und evtl. sogar mit welcher Eingabeverteilung die Substrukturen des Programmes getestet wurden, was zu präziserer Priorinformation führt. Die analytische Behandlung hängt hier jedoch vom Einzelfall ab, d. h. es muß unterschieden werden, welche Information vorliegt, und wofür Annahmen erforderlich sind.

8. Zusammenfassende Schlußbemerkungen

In den voranstehenden Abschnitten sollte ein Überblick über verschiedene Ansätze zur Erfassung von Softwarezuverlässigkeit anhand probabilistischer Kenngrößen gegeben werden. Es wurde der Stand der Technik aufgezeigt und an einigen Punkten gezielt erweitert. Es wurde aufgezeigt, daß die Ansätze, mit denen Programme getestet, bzw. diese Tests probabilistisch bewertet werden, jeweils unterschiedliche Fehlermöglichkeiten in den Programmen abdecken, d. h., daß für jedes Modell, außer einem in-situ black-box Test, der als theoretisch trivial und praktisch von zu hohem Aufwand gelten muß, Annahmen über die teilweise Korrektheit der Programme (allerdings in unterschiedlichem Ausmaß) erforderlich sind.

Zuverlässigkeitswachstummodelle und auf Betriebserfahrung basierende Modelle machen verhältnismäßig wenige schwache Annahmen über die Korrektheit des Programmes erforderlich, jedoch ist eine Qualifizierung nur begrenzt durch das Ausmaß der vorhandenen Betriebserfahrung möglich, so daß diese Verfahren für die Qualifizierung höchster Zuverlässigkeitsforderungen kaum geeignet erscheinen.

Gängige Mikromodelle, d. h. Modelle, die die Zuverlässigkeit eines Programmes aus der Zuverlässigkeit seiner Module berechnen, lassen offen, womit die Module qualifiziert werden sollen. Es mag zwar sein, daß für Module, die aus älteren Programmen importiert wurden, mehr Betriebserfahrung vorliegt, als für ein neuentwickeltes Programm, jedoch haben alle Mikromodelle die Eigenschaft, daß die explizit modellierte modulare Struktur vom Modell nicht erfaßt wird, also als fehlerfrei vorausgesetzt werden muß.

Ein Modell, daß den endlichen Operationsraum eines Programmes explizit modelliert, wäre prinzipiell in der Lage, auch höchste Anforderungen an die Zuverlässigkeit zu qualifizieren. Praktikabel ist ein solches Modell jedoch nur, wenn man es als Mikromodell formuliert, so daß ihm die oben formulierten generellen Nachteile von Mikromodellen anhaften.

Um jedoch überhaupt einen Schritt in Richtung auf die Qualifikation hochzuverlässiger Software zu gehen, wurde ein Modell entwickelt, das in der Lage ist, die Begrenztheit des Operationsraumes explizit nachzubilden. Es basiert auf einer Bayes'schen Analyse eines stochastischen Abnahmetests. Es enthält eine subjektive Komponente, die darauf beruht, daß die Größe, für die eine Priorverteilung benötigt wird, nicht eine zufällige Zahl, sondern eine zufällige Menge ist, was den Begriff eines informationslosen Priors etwas mehrdeutig macht. Es wurde mangels weiterer Vorinformation eine Festlegung getroffen, die plausibel und darüber hinaus vermutlich konservativ ist, und daraus eine Beziehung für die Ausfallwahrscheinlichkeit eines Programmes unter der Bedingung eines erfolgreichen Abnahmetests gewonnen, in die daß Operationsprofil explizit eingeht. Es bestehen jedoch einige Voraussetzungen an das Programm und die Natur der Problemstellung, die in Abschnitt 4.4 ausführlich erläutert worden sind.

Hieraus wurde ein zweistufiges Konzept für einen probabilistischen Abnahmetest entwickelt, das in der ersten Phase das Operationsprofil mißt und nötigenfalls für Testzwecke manipuliert, um ein möglichst günstiges Testprofil zu erhalten. Die zweite Phase umfaßt den eigentlichen Abnahmetest, der in einem Versuchsstand automatisch erfolgen soll.

In den beiden Anhängen dieser Arbeit werden aus den theoretischen Beziehungen Schätzformeln für empirische Operationsprofile abgeleitet und schließlich auf ein Beispiel angewandt.

Man kann leider nicht behaupten, daß das Gebiet der Softwarezuverlässigkeit als ein völlig gelöstes Problemfeld der

Forschung da steht. Diese Arbeit soll und kann nur einen kleinen Schritt dazu beitragen. Es bleiben zunächst folgende Felder offen.:

- Zusammenfassung der verschiedenen Ansätze. Das hier vorgestellte Konzept, die Fehlerdomäne als zufällige Größe aufzufassen, über deren Verteilung a-priori-Information vorliegt, aus der durch Hinzufügen von zusätzlicher Information eine a-posteriori-Verteilung gewonnen wird sollte generalisiert werden, so daß auch andere Informationen einfließen können. Das Modell ist optimal, das ein Maximum der zur Verfügung stehenden Information ausnutzen kann. In Kapitel 7 wurde angedeutet, wie so ein Vorgehen aussehen könnte.

- Berücksichtigung generischer Information. Was auf dem Gebiet der Hardware selbstverständlich ist, nämlich die Einteilung der Komponenten in Kategorien, deren Mitglieder sich alle ähnlich verhalten, ist im Fall von Software bisher nicht in ausreichendem Maße erfolgt. Zu groß schienen die Unterschiede zwischen den verschiedenen Programmen, als daß Wissen über die Zuverlässigkeit eines Programmes auf ein anderes übertragbar schiene. Es wäre aber denkbar, daß man Programme nach einem (bislang unbekannten) Raster klassifizieren kann, derart, daß Mitglieder einer Klasse sich bezüglich Zuverlässigkeit ähnlich verhalten. Solche generische Information könnte innerhalb eines Bayes'schen Ansatzes eine a-priori-Information neben der Information über die Austestphase, den Abnahmetest und die Betriebserfahrung bilden.

- Optimierungsprobleme. Selbst innerhalb des hier entwickelten Verfahrens wurde die Optimierung des Tests der Intuition des Analytikers überlassen. Es wäre sinnvoll, das Optimierungsproblem mathematisch zu formulieren und zu lösen.

Es heißt, erst durch das Software-Engineering sei das Programmieren von der «Schwarzen Kunst» zur Wissenschaft geworden. Eine ähnliche Entwicklung für die Softwarezuverlässigkeit wäre sehr zu wünschen. Wenn diese Arbeit zu einer solchen Entwicklung etwas beiträgt, so hat sie ihren Zweck erfüllt.

Anhang 1:
Ableitung erwartungstreuer Schätzer für das Abnahmetestmodell

A1 Problemstellung

Die in den Kapiteln 4 und 7 ermittelten Ausdrücke für die Ausfallwahrscheinlichkeit setzen voraus, daß neben k auch die p_i, (d. h. das Operationsprofil) bekannt sind. Im allgemeinen sind die p_i nicht explizit gegeben, sondern lediglich implizit, d. h. in Form von Eingangsprofilen des Programmes und der Programmstruktur selbst. Wennschon eine analytische Ermittlung der Eingabeprofile denkbar erscheint, so müßte dies für eine Vielzahl von möglichen Programmstrukturen untersucht und jeweils angemessen behandelt werden.

Eine simulative Annäherung an die Fragestellung hat den Vorteil, daß sie relativ unabhängig von den untersuchten Programmen erfolgen kann. Sie setzt voraus, daß das Programm derart instrumentiert wird, daß man die Wahrscheinlichkeiten p_i aus relativen Häufigkeiten schätzen kann, mit der die Zustände getroffen werden. Dies ist selbstverständlich nicht für jeden Zustand einzeln möglich; es ist vielmehr eine Partionierung der Zustände vorzunehmen, wobei solche, die ähnliche p_i aufweisen, zu Klassen zusammengefaßt werden. Da nun die meisten Größen relevanter Programme binäre Darstellungen reeller Zahlen sind, die kontinuierlichen Verteilungen unterliegen, ist zu erwarten, daß eine Partitionierung gemäß entsprechend gewählter Intervalle dieser Größen zum Erfolg führt.

Im folgenden werden mit N^* die Anzahl der Partitionen und mit k_i die Anzahl der Zustände der i-ten Partition bezeichnet. In insgesamt N_s Aufrufen wurde n_i mal ein Eingabezustand aus der i-ten Partition getroffen. Dann ist

$$\hat{p}_i^* = \frac{n_i}{N_s} \tag{A1-1}$$

ein Maxim-Likelihood Schätzer fü p_i = W {Es tritt ein Zustand der Partition i ein}. Wegen der Annahme, daß die p_i innerhalb einer Partion konstant sind, ist

$$\hat{p}_i = \frac{n_i}{k_i N_s} \tag{A1-2}$$

A1.1 Untersuchung eines Maximum-Likelihood Schätzers

Ein naheliegendes Schätzverfahren für die Ausfallwahrscheinlichkeit ist, $\hat{p}_i$ für p_i einzusetzen. Da $\hat{p}_i^*$ ein ein Maximum-Likelihood Schätzer ist, ist $\hat{p}_i$ auch einer, und somit hat auch die Gleichung für die Ausfallwahrscheinlichkeit diese Eigenschaft. Der Einfachheit halber soll hier zunächst die erste Summe S_{1k} aus (4-18), die in der Regel das Ergebnis dominiert, untersucht werden. Mit

$$S_{1k} = \frac{1}{N} \sum_{i=1}^{N} e^{-kp_i} \tag{A1-3}$$

erhält man

$$\hat{S}_{1k} = \frac{1}{N} \sum_{i=1}^{N} e^{-k\hat{p}_i} \tag{A1-4}$$

Da die Werte $\hat{p}_i$ innerhalb einer Partition konstant sind, kann man schreiben

$$\hat{S}_{1k} = \frac{1}{N} \sum_{i=1}^{N^*} k_j \, e^{-\frac{k\, n_j}{k_j N_s}} \tag{A1-5}$$

Die obige Schätzgleichung ist durch Einsetzen von Maximum-Likelihood Schätzern für die p_j entstanden; demzufolge ist sie konsistent. Für endliche N_s muß die Erwartungstreue jedoch untersucht werden. Deshalb wird der Erwartungswert E $\{\hat{S}_{1k}\}$ bestimmt.

Um diesen Erwartungswert zu bilden, wird geschrieben

$$n_j = \sum_{i=1}^{N_s} z_{ij} \tag{A1-6}$$

wobei die z_{ij} gemäß der Art, wie die n_j gewonnen wurden, Zufallsvariable sind, die die Werte 0 oder 1 annehmen. Dabei ist

$$W\{z_{ij}=1\} = p_j^*$$

$$= W\{\text{ein Zustand der Partition j trifft ein}\}$$

$$W\{z_{ij}=0\} = 1 - p_j^* \tag{A1-7}$$

Für ein festes j' sind die $z_{ij'}$ unabhängig; bei festem i' gilt jedoch

$$W\{z_{i'j_1}=1 \mid z_{i'j_2}=1\} = 0 \neq W\{z_{i'j_1}=1\}$$

$$W\{z_{i'j_1}=0 \mid z_{i'j_2}=1\} = 1 \neq W\{z_{i'j_1}=0\} \tag{A1-8}$$

Mit Kenntnis dieser Verteilung läßt sich der gesuchte Erwartungswert ermitteln. Es gilt

$$E\{\hat{S}_{1k}\} = E\{(\frac{1}{N}\sum_{i=1}^{N^*} k_j \, e^{-\frac{k}{k_j N_s}\sum_{i=1}^{N_s} z_{ij}})\}$$

$$= \frac{1}{N}\sum_{i=1}^{N^*} k_j \, E\{e^{-\frac{k}{k_j N_s}\sum_{i=1}^{N_s} z_{ij}}\}$$

$$= \frac{1}{N}\sum_{i=1}^{N^*} k_j \, E\{\prod_{i=1}^{N_s} e^{-\frac{k z_{ij}}{k_j N_s}}\} \tag{A1-9}$$

Wegen der Unabhängigkeit der z_{ij} bei konstantem j gilt

$$E\,\{\hat{S}_{1k}\} = \frac{1}{N}\sum_{i=1}^{N^*} k_j \prod_{i=1}^{N_s} E\,\{e^{-\frac{k z_{ij}}{k_j N_s}}\}$$

$$= \frac{1}{N}\sum_{i=1}^{N^*} k_j \prod_{i=1}^{N_s} [(1 - p_j^*) + p_j^*\, e^{-\frac{k}{k_j N_s}}]$$

$$= \frac{1}{N}\sum_{i=1}^{N^*} k_j\, [1 - p_j^*(1 - e^{-\frac{k}{k_j N_s}})]^{N_s} \qquad \text{(A1-10)}$$

für $p_j \ll 1$ gilt näherungsweise:

$$E\,\{\hat{S}_{1k}\} = \frac{1}{N}\sum_{i=1}^{N^*} k_j\, e^{-p_j^*(1 - e^{-\frac{k}{k_j N_s}})N_s} \qquad \text{(A1-11)}$$

Der Erwartungswert ist abhängig von N_s; d. h. der Schätzer ist nicht erwartungstreu.

Für $N_s \gg \frac{k}{k_j}$ gilt jedoch

$$(1 - e^{-\frac{k}{k_j N_s}}) \approx \frac{k}{k_j N_s} \qquad \text{(A1-12)}$$

womit

$$\lim_{N_s \to \infty} E\,\{\hat{S}_{1k}\} = \frac{1}{N}\sum_{i=1}^{N^*} k_j\, e^{-\frac{k}{k_j} p_j^*}$$

Da für $N_s \to \infty$ $p_j = \frac{n_j}{N_s}$, ist der Schätzer jedoch, wie schon aus grundsätzlichen Erwägungen erwartet, asymptotisch erwartungstreu.

Wenn man die obigen Gleichungen betrachtet, so erkennt man, daß das Kriterium dafür, daß der Schätzer den Erwartungswert liefert,

$$N_s \gg \frac{k}{k_j} \tag{A1-13}$$

lautet. Nun ist k in der Regel sehr groß, denn es representiert die Anzahl der Testfälle im automatisch durchgeführten stochastischen Abnahmetest. k_j kann zwar weitgehend frei gewählt werden, jedoch wird man es wegen der damit verbundenen Genauigkeitsfrage nicht beliebig groß machen wollen. Die einzige Möglichkeit wäre eine mit entsprechendem Aufwand verbundene Steigerung der Anzahl der Spiele; so wäre etwa

$$N_s = \frac{2k}{k_j} \quad \text{oder} \quad N_s = \frac{3k}{k_j} \tag{A1-14}$$

angemessen. Dies führt jedoch auf Werte, die man nicht zu tolerieren bereit sein wird. Deshalb wird im folgenden ein erwartungstreuer Schätzer bestimmt.

A1.2 Konstruktion eines erwartungstreuen Schätzers

Es stellt sich die Frage, wie eine erwartungstreue Variante ausgehend vom Maximum-Likelihood Schätzer gewonnen werden kann. Dazu wird ein Korrekturfaktor q_j in die Ausgangsgleichung eingeführt. Abgesehen von einer Änderung der p_j^*, die nicht praktikabel erscheint, gibt es anscheinend nur die Möglichkeit, das q_j als Vorfaktor zu k einzuführen.

Für den neuen Schätzer

$$\hat{S}_1 = \frac{1}{N} \sum_{i=1}^{N^*} k_j \, e^{-\frac{k\, q_j\, n_j}{k_j N_s}} \tag{A1-14}$$

erhält man durch dasselbe Vorgehen wie bei der Herleitung von (A1-11)

$$E\{\hat{S}_{1k}\} = \frac{1}{N}\sum_{i=1}^{N^*} k_j e^{-p_j^*(1-e^{-\frac{k q_j}{k_j N_s}})N_s} \qquad \text{(A1-15)}$$

Um N_s zu eliminieren, wählt man q_j so, daß

$$(1 - e^{-\frac{k q_j}{k_j N_s}}) = \frac{k}{k_j N_s} \qquad \text{(A1-16)}$$

Damit erhält man für q_j

$$q_j = -\frac{k_j N_s}{k} \ln\left(1 - \frac{k}{k_j N_s}\right) \qquad \text{(A1-17)}$$

Dies gilt nur für $N_s > \frac{k}{k_j}$, was jedoch sicherlich leichter zu verwirklichen ist, als die entsprechende Bedingung für den Maximum-Likelihood Schätzer. Für den Schätzer ergibt sich nach Einsetzen von (A1-17) in (A1-14)

$$\hat{S}_1 = \frac{1}{N}\sum_{i=1}^{N^*} k_j e^{+n_j \frac{k}{k_j N_s}\frac{k_j N_s}{k}\ln\left(1-\frac{k}{k_j N_s}\right)}$$

$$= \frac{1}{N}\sum_{i=1}^{N^*} k_j \left(1 - \frac{k}{k_j N_s}\right)^{n_j} \qquad \text{(A1-18)}$$

A1.3 Betrachtung höherer Terme

Bei der Betrachtung höherer Terme (Mehrfachsummen) liegen die Verhältnisse nicht ganz so einfach, weil dabei von einander abhängige Zufallszahlen in Produkten vorkommen. Dies soll hier am Beispiel der Zweierkombination erläutert werden.

Es gilt

$$S_{2k} = \frac{1}{\binom{N}{2}} \sum_{j_1=1}^{N-1} \sum_{j_2=j_1+1}^{N} e^{-k\,(p_{j_1} + p_{j_2})} \tag{A1-19}$$

und für den Maximum-Likelihoodschätzer $\hat{S}_{2k}$

$$\hat{S}_{2k} = \frac{1}{\binom{N}{2}} \sum_{j_1=1}^{N-1} \sum_{j_2=j_1+1}^{N} e^{-\frac{k}{N_s}\left(\frac{n_{j_1}}{k_{j_1}} + \frac{n_{j_2}}{k_{j_2}}\right)} \tag{A1-20}$$

Analog zum Vorgehen im letzten Abschnitt erhält man

$$E\,\{\hat{S}_{2k}\} = \frac{1}{\binom{N}{2}} \sum_{j_1=1}^{N-1} \sum_{j_2=j_1+1}^{N} \prod_{i=1}^{N_s} E\left\{ e^{-\frac{k}{N_s}\left(\frac{z_{ij_1}}{k_{j_1}} + \frac{z_{ij_2}}{k_{j_2}}\right)} \right\} \tag{A1-21}$$

Wegen der Abhängigkeit von z_{ij_1} und z_{ij_2} bei festem i darf der verbleibende Term nicht aufgespalten werden, sondern muß als Einheit betrachtet werden. Dazu wird eine neue Zufallsvariable eingeführt mit

$$x_{ij} = \frac{z_{ij_1}}{k_{j_1}} + \frac{z_{ij_2}}{k_{j_2}} \tag{A1-22}$$

Für die Verteilungsdichte von x_{ij} erhält man

$$W\,\{x_{ij} = 0\} = 1 - p^*_{j_1} - p^*_{j_2}$$

$$W\,\{x_{ij} = \frac{1}{k_{j_1}}\} = p^*_{j_1}$$

$$W\,\{x_{ij} = \frac{1}{k_{j_2}}\} = p^*_{j_2} \tag{A1-23}$$

Alle anderen Werte von x_{ij} sind unmöglich, da jeweils nur ein z_{ij} bei gegebenem i von 0 verschieden sein kann.

Damit ergibt sich für den verbleibenden Erwartungswert auf der rechten Seite von (A1-21)

$$E\left\{ e^{-\frac{k}{N_s} x_{ij}} \right\} = (1 - p^*_{j_1} - p^*_{j_2}) + p^*_{j_1} e^{-\frac{k\,k_{j_1}}{N_s}} + p^*_{j_2} e^{-\frac{k\,k_{j_2}}{N_s}} \tag{A1-24}$$

so daß

$$E\{\hat{S}_{2k}\} = \frac{1}{\binom{N}{2}} \sum_{j_1=1}^{N-1} \sum_{j_2=j_1+1}^{N} e^{-\left[p^*_{j_1}\left(1 - e^{-\frac{k q_j}{k_{j_1} N_s}}\right) + p^*_{j_2}\left(1 - e^{-\frac{k q_j}{k_j N_s}}\right)\right] N_s} \tag{A1-25}$$

Sogleich ist eine Ähnlichkeit mit dem oben abgeleiteten Erwartungswert für die einfache Summe erkennbar, und man erhält in der Tat als einen erwartungstreuen Schätzer

$$\hat{S}_{2k} = \frac{1}{\binom{N}{2}} \sum_{j_1=1}^{N-1} \sum_{j_2=j_1+1}^{N} \left(1 - \frac{k}{k_{j_1} N_s}\right)^{n_{j_1}} \left(1 - \frac{k}{k_{j_2} N_s}\right)^{n_{j_2}} \tag{A1-26}$$

Wie sich durch einen Induktionsschluß leicht belegen läßt, ist der Schätzer für höhere Terme analog ein mehrfaches Produkt.

Wie schon beim ersten Term, läßt sich auch hier die Anzahl der Summanden beträchtlich vermindern, wenn man gleiche Summanden zusammenfaßt. Hierbei müssen unterschieden werden Zweierkombinationen aus einer oder aus zwei Partitionen; dem gemäß erhält man

$$\hat{S}_{2k} = \frac{1}{\binom{N}{2}} \left(\sum_{j=1}^{N^*} \binom{k_j}{2} \left(1 - \frac{k}{k_j N_s}\right)^{2n_j} + \right.$$

$$\left. \sum_{j_1=1}^{N^*-1} \sum_{j_2=j_1+1}^{N^*} k_{j_1} k_{j_2} \left(1 - \frac{k}{k_{j_1} N_s}\right)^{n_{j_1}} \left(1 - \frac{k}{k_{j_2} N_s}\right)^{n_{j_2}} \right)$$

(A1-27)

A1.4 Untersuchung der Varianz des Verfahrens

Im folgenden wird die Varianz der einfachen Summe, die in der Regel das Ergebnis dominiert bestimmt. Hierzu ist es wegen der vorhandenen Abhängigkeiten erforderlich, den Erwartungswert des Quadrates dieses Termes zu bestimmen.

$$E\,\{\hat{S}_{1k}^2\} = E\,\left\{\left(\frac{1}{N} \sum_{i=1}^{N^*} k_j \left(1 - \frac{k}{k_j N_s}\right)^{n_j}\right)^2\right\}$$

$$= \frac{1}{N^2} \sum_{j_1=1}^{N^*} \sum_{j_2=1}^{N^*} k_{j_1} k_{j_2}$$

$$E\left\{ \left(1 - \frac{k}{k_{j_1} N_s}\right)^{\sum_{i=1}^{N_s} z_{ij_1}} \left(1 - \frac{k}{k_{j_2} N_s}\right)^{\sum_{i=1}^{N_s} z_{ij_2}} \right\}$$

$$= \frac{1}{N^2} \sum_{j_1=1}^{N^*} \sum_{j_2=1}^{N^*} k_{j_1} k_{j_2}$$

$$E \{ e^{\sum_{i=1}^{N_s} z_{ij_1} \ln (1 - \frac{k}{k_{j_1} N_s}) + \sum_{i=1}^{N_s} z_{ij_2} \ln (1 - \frac{k}{k_{j_2} N_s})} \}$$

$$= \frac{1}{N^2} \sum_{j_1=1}^{N^*} \sum_{j_2=1}^{N^*} k_{j_1} k_{j_2} \prod_{i=1}^{N_s}$$

$$E \{ e^{z_{ij_1} \ln (1 - \frac{k}{k_{j_1} N_s}) + z_{ij_2} \ln (1 - \frac{k}{k_{j_2} N_s})} \}$$

(A1-28)

Der verbleibende Erwartungswert kann nicht weiter aufgeteilt werden, da z_{ij_1} und z_{ij_2} bei festem i von einander abhängig sind. Es läßt sich aber, wie oben bereits einmal geschehen, die Verteilung der Summe im Exponenten angeben; sie ist jedoch unterschiedlich in den beiden Fällen $j_1=j_2$ und $j_1 \neq j_2$. Deshalb erfolgt unter Ausnutzung der Symmetrie zunächst folgende Umformung

$$E \{\hat{S}^2_{1k}\} = \frac{1}{N^2} \sum_{j=1}^{N^*} k_j^2 \prod_{i=1}^{N_s} E \{ e^{2 z_{ij} \ln (1 - \frac{k}{k_j N_s})} \}$$

$$+ \frac{2}{N^2} \sum_{j_1=1}^{N -1} \sum_{j_2=j_1+1}^{N} k_{j_1} k_{j_2} \prod_{i=1}^{N_s} \tag{A1-29}$$

$$E \{ e^{z_{ij_1} \ln (1 - \frac{k}{k_{j_1} N_s}) + z_{ij_2} \ln (1 - \frac{k}{k_{j_2} N_s})} \}$$

Unter Berücksichtigung der Tatsache, daß für ein gegebenes i immer nur höchstens ein z_{ij} von 0 verschieden sein kann, erhält man

$$E\,\{\hat{S}_{1k}^2\} = \frac{1}{N^2} \sum_{j=1}^{N^*} k_j^2 \,[1 - p_j + p_j\, e^{2\ln(1 - \frac{k}{k_j N_s})}]^{N_s}$$

$$+ \frac{2}{N^2} \sum_{j_1=1}^{N^*-1} \sum_{j_2=j_1+1}^{N^*} k_{j_1} k_{j_2} \,[1 - p_{j_1}^* - p_{j_2}^* + p_{j_1}^*\, e^{\ln(1 - \frac{k}{k_{j_1} N_s})}$$

$$+ p_{j_1}^*\, e^{\ln(1 - \frac{k}{k_{j_1} N_s})}\,]^{N_s}$$

$$= \frac{1}{N^2} \sum_{j=1}^{N^*} k_j^2 \,[1 - p_j^*(\frac{2k}{k_j N_s} - (\frac{k}{k_j N_s})^2)]^{N_s}$$

$$+ \frac{2}{N^2} \sum_{j_1=1}^{N^*-1} \sum_{j_2=j_1+1}^{N^*} k_{j_1} k_{j_2} \,[1 - p_{j_1}^* \frac{k}{k_{j_1} N_s} - p_{j_2}^* \frac{k}{k_{j_2} N_s}]^{N_s} \qquad \text{(A1-30)}$$

aus $\text{var}\,\{\hat{S}_{1k}\} = E\,\{\hat{S}_{1k}^2\} - (E\,\{\hat{S}_{1k}\})^2$ folgt sofort

$$\text{var}\,\{\hat{S}_{1k}\} = \frac{1}{N^2} \sum_{j=1}^{N^*} k_j^2 \,[1 - p_j^*(\frac{2k}{k_j N_s} - (\frac{k}{k_j N_s})^2)]^{N_s}$$

$$+ \frac{2}{N^2} \sum_{j_1=1}^{N^*-1} \sum_{j_2=j_1+1}^{N^*} k_{j_1} k_{j_2} \,[1 - p_{j_1}^* \frac{k}{k_{j_1} N_s} - p_{j_2}^* \frac{k}{k_{j_2} N_s}]^{N_s}$$

$$- \frac{1}{N^2} \left(\sum_{j=1}^{N^*} k_j \,(1 - \frac{p_j^*}{k_j})^k \right)^2 \qquad \text{(A1-31)}$$

Dieser etwas umfangreiche Ausdruck läßt sich für kleine p_j^* wie folgt vereinfachen

$$\mathrm{var}\,\{\hat{S}_{1k}\} = \frac{1}{N^2} \sum_{j=1}^{N^*} k_j^2 \, e^{-p_j^*\left(\frac{2k}{k_j} - \frac{k^2}{k_j^2 N_s}\right)}$$

$$+ \frac{2}{N^2} \sum_{j_1=1}^{N^*-1} \sum_{j_2=j_1+1}^{N^*} k_{j_1} k_{j_2} \, e^{-\left(\frac{p_{j_1}^* k}{k_{j_1}} + \frac{p_{j_2}^* k}{k_{j_2}}\right)}$$

$$- \frac{1}{N^2} \sum_{j=1}^{N^*} k_j^2 \, e^{-\frac{2 k p_j^*}{k_j}}$$

$$- \frac{2}{N^2} \sum_{j_1=1}^{N^*-1} \sum_{j_2=j_1+1}^{N^*} k_{j_1} k_{j_2} \, e^{-\left(\frac{p_{j_1} k^*}{k_{j_1}} + \frac{p_{j_2} k^*}{k_{j_2}}\right)}$$

$$\mathrm{var}\,\{\hat{S}_{1k}\} = \frac{1}{N^2} \sum_{j=1}^{N^*} k_j^2 \left[e^{-p_j^*\left(\frac{2k}{k_j} - \frac{k^2}{k_j^2 N_s}\right)} - e^{-\frac{2 k p_j^*}{k_j}} \right] \tag{A1-32}$$

Wie man leicht sieht, werden die beiden Terme, deren Differenz gebildet wird, für große N_s identisch, so daß die Varianz gegen 0 geht. Durch dieselbe Überlegung wie oben erhält man als erwartungstreuen Schätzer für die Varianz

$$\hat{v}_{S_{1k}} = \frac{1}{N^2} \sum_{j=1}^{N^*} k_j^2 \left[\left(1 - \left(\frac{2k}{k_j N_s} - \frac{k^2}{k_j^2 N_s^2}\right)\right)^{n_j} - \left(1 - \frac{2k}{k_j N_s}\right)^{n_j} \right] \tag{A1-33}$$

Mit dieser Formel läßt sich die Varianz einer Schätzung der einfachen Summe zur Ermittlung der Ausfallwahrscheinlichkeit schätzen.

Anhang 2:
Anwendung auf ein Beispiel

A2 Problemstellung

Eine Anwendung des in Kapitel 4 entwickelten Verfahrens zur Schätzung der Softwarezuverlässigkeit aufgrund eines bestandenen Abnahmetests setzt voraus, daß die Verteilungen der Eingangsgrößen aller PPS bekannt sind. Eine Möglichkeit, sie zu gewinnen, ist die Simulation. Da ein Echtzeitprogramm auf die Umgebung zurückwirkt, muß ein Simulationsmodell erstellt werden, welches sowohl das Programm selber als auch die Umgebung beinhaltet. Hierbei steht das Programm bereits zur Verfügung; es ist für die Simulationsumgebung anzupassen und so zu instrumentieren, daß die gewünschten Verteilungen gewonnen werden. Dieses wurde für ein einfaches Regelprogramm, das auf eine Strecke mit P_{T1}-Verhalten wirkt, durchgeführt. Dazu wurde eine Datenstruktur definiert, in der die empirischen Häufigkeiten, mit der die Zustände auftreten, akkumuliert werden können. Es wurde von einer primitiven Programmstruktur ausgegangen, die maximal zwei Eingangsvariable hat. Da diese im allgemeinen voneinander abhängig sein können, ist es erforderlich, deren Verbundverteilung zu erfassen. Daraus folgt, daß eine Matrix erforderlich ist, in der die Kreuzhäufigkeiten erfaßt werden, sowie zwei Felder, durch die der Wertebereich, für den das jeweilige Matrixelement gilt, angegeben wird (siehe Abb. A2-1).

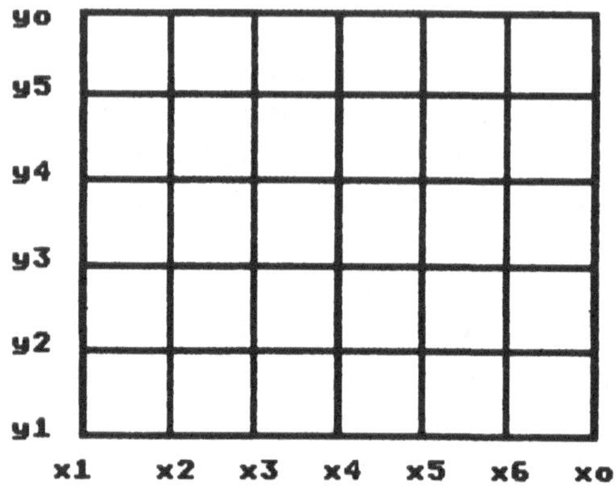

Abb A2-1: *Datenstruktur zur Erfassung der Kreuzhäufigkeiten der beiden Eingänge einer PPS*

Selbstverständlich muß die Größe der Matrix sinnvoll begrenzt sein, woraus eine Partitionierung der Zustände in Klassen erfolgt, die durch die Achsenwerte X_i und Y_j. vorgegeben ist. Zudem erhält die Datenstruktur zusätzlich ein Feld, in dem die Anzahl der Invokationen der PPS hochgezählt wird, sowie ein Textfeld, in dem Informationen, um welche PPS es sich handelt, niedergelegt werden können. Bei jedem Aufruf einer PPS mit den Eingangswerten x und y ist das Feld Matrix (i,j) zu inkrementieren, für das $x_i \leq x < x_{i+1}$ und $y_j \leq y < y_{j+1}$ gilt. Es ist demgemäß für jede PPS eine solche Datenstruktur erforderlich.

Das Prototyp-System besteht aus drei Programmen, die in Pascal implementiert sind:

- Das Programm INIT erzeugt eine Datei, die für jede PPS die obige Datenstruktur enthält; die Achsenwerte, sowie ein Kommentartext werden eingelesen, und die Matrix wird mit Nullen initialisiert.

- Das Programm EXERC liest die obige Datei ein und führt die eigentliche Simulation mit der instrumentierten

Version des Testprogrammes durch. Dabei werden die gewünschten Daten (Kreuzhäufigkeiten und Anzahl der Aufrufe jeder PPS erfaßt und nach Beendigung der Simulation auf die Datei zurückgeschrieben.

- Das Programm EVAL liest die Datei ein und führt eine Schätzung der Ausfallwahrscheinlichkeit für einen vorgegebenen Testaufwand durch. Dazu wurden die im Anhang 1 abgeleiteten Schätzer implementiert. Es wurden in dieser Version nur die einfachen und die doppelten Summen ermittelt, die aber für eine Schätzung hinreichen dürften.

Da die Schätzfunktionen die etwas unschöne Eigenschaft haben, daß für den geplanten Testaufwand nur ein bestimmter Wertebereich, der von der Anzahl der Simulationen in EXERC abhängt, zulässig ist, wurde durch diese Aufteilung in drei Programme die Möglichkeit geschaffen, die Datenbasis durch mehrmaliges Aufrufen von EXERC mit unterschiedlichen Zufallszahlen nötigenfalls aufzustocken.

A2.1 Das Beispielprogramm

Das denkbar einfachste Beispielprogramm für eine Echtzeitanwendung wäre der P-Regler, da er lediglich die Differenz seiner beiden Eingangsgrößen SOLL und IST) mit einer konstanten Verstärkung multipliziert, um so die Ausgangsgröße (STELL) zu ermitteln. Er wäre durch eine einzige PPS darstellbar. Da zum einen kaum jemand den Aufwand treiben wird, einen P-Regler mit einem Rechner zu realisieren und er als Beispiel trivial wäre. wurde hier auf einen Teil eines Programmes, wie es zur Frequenzregelung von Turbinen in Kraftwerken angewandt wird, zurückgegriffen. Das ursprüngliche Programm, das von einer Herstellerfirma zur Verfügung gestellt wurde, liegt in PL/M vor. Es beinhaltet Teile zur Leistungsregelung und zum Hochfahren der Turbine auf Nenndrehzahl, welche für den Zweck des Beispiels weggelassen wurden. Die eigentliche Frequenzregelung hat folgenden Aufbau, wie er in Abb. A2-2 dargestellt ist.

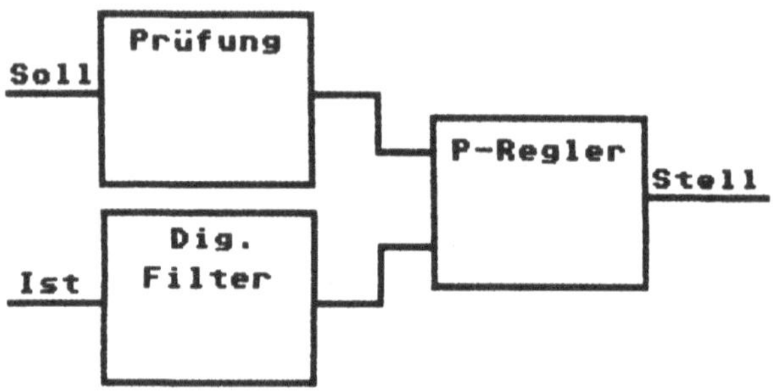

Abb. A2-2: *Struktur des Beispielprogramms*

Alle 10 msc wird diese Struktur aufgerufen. Die Prüfung der Sollgröße basiert auf den jeweils zuletzt eingelesenen Wert. Zu große Änderungen der Sollgröße sind unzulässig: sollten sie dennoch auftreten, wird der alte Wert weiterbenutzt. Falls die neue Sollgröße jedoch über längere Zeit ansteht, wird sie schließlich akzeptiert. Die Istgröße wird gefiltert, da sie (z.B. aufgrund von Torsionsschwingungen der Turbinenachse) Störungen aufweist. Von den so modifizierten Eingangsgrößen wird im P-Regler in üblicher Weise die Regeldifferenz gebildet, aus der sich nach Multiplikation mit einer konstanten Verstärkung die Stellgröße ergibt.

Das unerwünschte Ereignis, gegen das dieses Programm untersucht werden soll, ist das vollständige Schließen der Regelventile für die Dampfzufuhr zur Turbine, da dies große wirtschaftliche Folgen hat und zudem Aufgabe des Schutzsystems ist. Da sich dieses Verhalten leicht durch Betrachtung der Stellgröße beobachten läßt, ist die wesentliche Voraussetzung für einen voll automatisierten stochastischen Abnahmetest erfüllt. Als nächster Schritt ist die Zerlegung des Programmes in PPS erforderlich.

A2.2. Zerlegung des Programmes in PPS

Zur Zerlegung des Programmes in PPS können seine Module separat betrachtet werden. Die Abb. A2-3 zeigt das Ergebnis dieser Zerlegung.

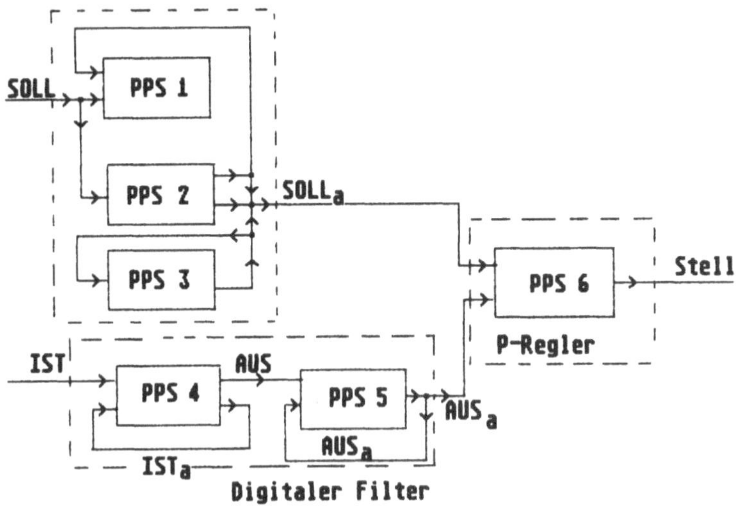

Abb. A2-3: *Zerlegung des Beispielprogramms in PPS*

Das Modul Prüfung besteht aus der PPS 1, worin der Vergleich mit der Größe ALT durchgeführt wird. Anhand dieses Vergleichs wird entweder PPS 2 aufgerufen (Übernahme der Sollgröße) oder PPS 3 (Beibehalten der alten Sollgröße und Änderung von ALT). Das Modul Dig. Filter besteht aus der PPS 4 (Berücksichtigen des alten IST-Wertes) und der PPS 5 (Berücksichtigen des alten Ausgangswertes).

A2.3 Das Umgebungsmodell

Sehr vereinfachend wurde ein Umgebungsmodell zugrunde gelegt, das aus der Stellgröße mit einem Verzögerungsglied erster Ordnung (PT_1 Verhalten) eine neue Istgröße berechnet. Um dem realen Verhalten der Umgebung möglichst nahe zu kommen. wurden an einigen Stellen Störgrößen eingeprägt (normalverteilte Zufallszahlen).

Für die Sollgröße stellt das Umgebungsmodell Werte zwischen 49 und 51 Herz zur Verfügung. Diese wurden so gebildet, daß im Begrenzer in ca. 90 % der Fälle PPS 2 aktiviert wurde. Damit die Ergebnisse übertragbar sind, muß gewährleistet sein, daß im realen Betrieb keine Werte angenommen werden, die außerhalb der Grenzen des Umgebungsmodells liegen.

A2.4 Die Auswertung

Aufgrund einer Datenbasis von 360 000 Spielen wurden folgende Fehlerwahrscheinlichkeiten geschätzt.

Anzahl der Tests	ungefähre Testdauer	Fehlerwahrscheinlichkeit
10^9	125 d	$9{,}5*10^{-2}$
$2*10^9$	250 d	$5{,}0*10^{-2}$
$5*10^9$	1,5 a	$4{,}6*10^{-3}$
$8*10^9$	2,5 a	$7{,}6*10^{-4}$

A2-4: *Ergebnis der Auswertung für das Beispielprogramm*

Dabei ist die Fehlerwahrscheinlichkeit die Wahrscheinlichkeit, daß das Programm Zustände hat, die zum Fehlverhalten führen. Sie ist, wie im Abschnitt 1.4 dargelegt, eine obere Schranke für die Ausfallwahrscheinlichkeit. Dabei wurde davon ausgegangen, daß im realen Betrieb nur Zustände aus solchen Partitionen auftreten, wie sie auch im Teat simuliert wurden. Läßt sich diese relativ schwache Forderung erfüllen, so stellt die Fehlerwahrscheinlichkeit eine obere Schranke für die Ausfallwahrscheinlichkeit bei beliebigem betrieblichen Operationsprofil dar. Deshalb ist sie eher ein Endergebnis der Analyse, als die Ausfallwahrscheinlichkeit, welche nicht nur streng genommen ausschließlich für das Testoperationsprofil gilt, sondern zudem für den hier angewendeten Beobachtungszeitraum von einem Jahr bereits der Fehlerwahrscheinlichkeit recht nahe ist. Das Ergebnis dieser Analyse besagt, daß, vorausgesetzt das betriebliche Operationsprofil hat die oben beschriebene hinreichende Ähnlichkeit mit dem Testoperationsprofil, das Programm eine Ausfallwahrscheinlichkeit von höchstens $5*10^{-2}$ hat, vorausgesetzt, es besteht einen stochastischen Abnahmetest von 250 Tagen Dauer. Es sei jedem selbst überlassen, zu beurteilen. mit welchem Testaufwand diese Aussage zu gewinnen wäre, wenn das Programm als Black Box Modell lediglich aufgrund fehlerfreier Laufzeit zu qualifizieren wäre.

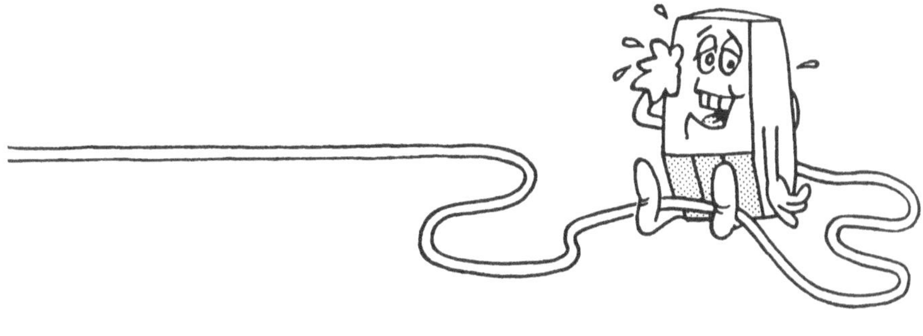

```
PROCEDURE REGL(VAR SOL,IST,ALT,SOLALT,ISTALT,AUSALT,
                                        STELL:INTEGER);
VAR R : INTEGER ;

   PROCEDURE BEGRENZ (SOL :INTEGER; VAR ALT,
                                    SOLALT : INTEGER);

   CONST D =    40;
         Z =   100;

   VAR DIFF:INTEGER;

   BEGIN (* BEGRENZ *)
      VERGLEICHE (SOL,ALT,1);(* instrumentierungsroutine *)
      DIFF := SOL - ALT;
      IF ABS (DIFF) <= Z THEN
         BEGIN
         VERGLEICHE (SOL, 1, 2);
         SOLALT := SOL;
            ALT := SOL
         END
      ELSE
         BEGIN
         VERGLEICHE (ALT, 1, 3);
         IF DIFF > 0 THEN ALT := ALT + D
                     ELSE IF DIFF < 0 THEN ALT := ALT - D
         END
   END; (* BEGRENZ *)

   PROCEDURE FILTER (IST: INTEGER; VAR ISTALT,
                                   AUSALT: INTEGER);

   CONST A = 600;
         B =  50;

   VAR AUS1: INTEGER;

   BEGIN (* FILTER *) (* DIGITALES FILTER ERSTER ORDNUNG *)
   VERGLEICHE (IST,ISTALT,4);
   AUS1 :=(A*IST+(1000 - A)*ISTALT) DIV 1000;
   ISTALT := IST;
   VERGLEICHE (AUS1,AUSALT,5);
   AUSALT := ((1000 - B) * AUS1 + B * AUSALT) DIV 1000
   END;  (* FILTER *)

   PROCEDURE P_REGLER (SOLALT,AUSALT : INTEGER;
                                     VAR STELL: INTEGER);

   CONST P = 10000;

   BEGIN (* EIN P_REGLER *)
   VERGLEICHE(AUSALT,SOLALT,6);
   STELL :=((SOLALT - AUSALT) * P) DIV 1000
   END;

BEGIN (* REGLER *)
BEGRENZ (SOL,ALT,SOLALT);
FILTER (IST,ISTALT,AUSALT);
P_REGLER(SOLALT,AUSALT,STELL)
END;  (* REGLER *)
```

Abb. A2-5: Listing der instrumentierten Version des Reglerprogramms in Pascal

Literatur

[*Apostolakis*-80] Apostolakis, G., Kaplan, S., Garrick, B. J., Duphily, R. J., Data Specialization for Plant Specific Risk Studies, Nuclear Engineering and Design 56, S. 321 - 329, 1980.

[*Avizienis*-84] Avizienis, A., Kelly, P. J., Fault tolerance by design diversity: concepts and experiments, Computer 17, S. 67 - 80, August 1984.

[*Balzert*-82] Balzert, H., Die Entwicklung von Software-Systemen, Bibliographisches Institut Mannheim 1982.

[*Balzert*-85] Balzert, H., Moderne Software-Entwicklungssysteme und -werkzeuge, Bibliagraphisches Institut Mannheim 1985.

[*Barlow*-65] Barlow, R. E., Proschan, F., Mathematical Theory of Reliability, John Wiley & sons: New York 1965.

[*Bastani*-80] Bastani, F. B., An Input Domain based Theory of Software Reliability and its application, PhD-Dissertationsschrift University of California, Berkeley 1980.

[*Becker*-87] Becker, G., Camarinopoulos, L., Eine datenorientierte Untersuchung zur Qualifizierung von Software-Zuverlässigkeit, Informationstechnik it 29, S. 68 ff, Oldenbourg: München 1987.

[*Biewald*-79] Biewald, J., Gohner, P., Lauber, R., Schellig, H., EPOS - A Specification and Design Technique for Computer Controlled Real-Time Automatic Systems. Proc. of the 4th Int. Conf. on Software Engineering, München 1979.

[*Bishop*-86] Bishop, P. G., Esp, D. G., Barnes, M., Humphreys, P., Dahll, G., Lahti, J., PODS - A Project on Diverse

Software, IEEE Trans. on Software Engineering, SE-12, S 929 ff, 1986.

[*Boehm*-81] Boehm, B. W., Software Engineering Economics, Prentice-Hall, Englewood Cliffs, N. J., 1981.

[*Box*-76] Box, G. E. P., Jenkins, G. M., Time Series Analysis, Forecasting, and Control (revised edition), Holden-Day: San Francisco 1976.

[*Chatfield*-80] Chatfield, C., The Analysis of Time Series: An Introduction, (2nd edition), Chapman and Hall: London New York 1980.

[*Cheung*-80] Cheung, R. C., A User Oriented Software Reliability Model, IEEE Trans. on Software Engineering, SE-6, S. 118 - 125, 1980.

[*DGQ-NTG*-86] DGQ-NTG-Schrift Nr. 12-51, Software-Qualitätssicherung: Aufgaben, Möglichkeiten, Lösungen, Beuth Verlag: Berlin 1986.

[*Dhillon*-83] Dhillon, B. S., Reliability Engineering in Systems, Design and Operation, van Norstrand-Reinhold: New York 1983.

[*Ehrenberger*-84] Ehrenberger, W. et al., Sicherheitsanalyse der Programme der Steuerstabrechner, Bericht zum BMI F & E Vorhaben SR 293, 1984.

[*Fleming*-75] Fleming, K. N., A Reliability Model for Common-Mode-Failures in Redundant Safety Systems, Proc. of the 6th annual Pittsburgh Conf. on Modelling and Simulation, 1975.

[*Floyd*-67] Floyd, R. W., Assigning meaning to programs, Proc. Symp. on Applied Mathematics 19 (Mathematical

Aspects of Computer Science), Am. Math. Society, New York 1967.

[*Goel*-79] Goel, A. L., Okumoto, K., Time-Dependent Error-Detection Rate Model for Software Reliability and Other Performance Measures, IEEE Trans. on Reliability, R-28, S. 206 - 211, 1979.

[*Grams*-86] Grams, T., Diversitäre Programmierung: Kein Allheilmittel, Informationstechnik it 28, S. 196 - 203, 1986.

[*Hansel*-88] Hansel, M., Assenbaum, J., Der größere Zwerg: EPAC-68000, ct-Magazin für Computertechnik, Heft 7, S. 156 ff, Heise Verlag: Hannover 1988.

[*Hengartner*-78] Hengartner, W., Theodorescu, R., Einführung in die Monte-Carlo-Methode, Hanser: München 1978.

[*Hesse*-81] Hesse, W., Methoden und Werkzeuge zur Software-Entwicklung - Ein Marsch durch die Technologie-Landschaft, Informatik Spektrum 4, S. 229 - 245, 1981.

[*Hoare*-69] Hoare, C. A. R., An axiomatic basis of computer programming, Comm. of the ACM, 12, S. 576 ff, 1969.

[*Hövel*-87] Hövel, R. v., Das Software-Qualitätssiegel des TÜV Rheinland, Computer Persönlich, Verlag Markt & Technik, Heft 26, 1987.

[*Jelinski*-73] Jelinski, Z., Moranda, P. B., Application of a probability based model to a code reading experiment, IEEE Symp. on Computer Software Reliability 1973.

[*Kimm*-79] Kimm, R., Koch, W., Simonsmeier, W., Tontsch, F., Einführung in Software Engineering, Walter de Gruyter: Berlin, New York 1979.

[*Knight*-85] Knight, J. C., Leveson, N. G., Correlated failures in multiversion software, IFAC-SAFECOMP, S. 159 - 165, Como (Italien) 1985.

[*Littlewood*-73] Littlewood, B., A Bayesian reliability growth model for Computer Software, IEEE Symp. on Computer Software Reliability 1973.

[*Littlewood*-74] Littlewood, B., Verrall, J. L., A Bayesian Reliability Model with a Stochastically Monotone Failure Rate, IEEE Trans. on Reliability, R-23, S. 108 - 164, 1974.

[*Littlewood*-75] Littlewood, B., A Reliability Model for Markov Structured Software, Proc. int. conf. on Reliable Software, S. 204 - 207, 1975.

[*Littlewood*-79] Littlewood, B., How to Measure Software Reliability and How Not To, IEEE Trans. on Reliability R-28, S. 103 - 110, 1979.

[*Loeckx*-87] Loeckx, J., Sieber, K., Stansifer, R. D., The Foundations of Program Verification, 2. Auflage, Teubner und Wiley int. 1987.

[*Marshall*-67] Marshall, A. W., Olkin, I., A Multivariate Exponential Distribution, J. of the Am. Statistics Association 62, S. 30 - 44, 1967.

[*Menges*-68] Menges, G., Grundriß der Statistik, Westdeutscher Verlag Köln und Opladen 1968.

[*Mills*-73] Mills, H. D., On the Development of large Programs, IEEE Symp. on Computer Software Reliability, S. 155 ff, New York 1973.

[*Mills*-75] Mills, H. D., How to write correct programs and know it, Proc. Int. Conf. on Reliable Software, S 155. ff, Los Angeles (Cal.) 1975.

[*Milner*-79] Milner, R., LCF: a way of doing proofs with a machine, Proc. of the 8th MFCS Symp. (Olomouc), S 146 ff, Lecture Notes in Computer Science 74, Springer int. 1979.

[*Moranda*-75] Moranda, P. B., Prediction of Software Reliability during Debugging, Proc. of the annual Reliability and Maintenance Symp., S. 327 - 332, Washington DC 1975.

[*Musa*-75] Musa, J. D., A Theory of Software Reliability and its Application, IEEE Trans. on Software Engineering, SE-1, S. 312 - 327, 1975.

[*Musa*-87] Musa, J. D., Iannino, A., Okumoto, K., Software Reliability, McGraw-Hill: New York 1987.

[*Myers*-76] Myers, G. J., Software Reliability, Principles and Practices, John Wiley & sons int. 1976.

[*Peters*-85] Peters, O. H., Meyna, A., (Herausgeber), Handbuch der Sicherheitstechnik, Carl Hanser Verlag: München 1985.

[*Ramamoorthy*-80] Ramamoorthy, C. V., Bastani, F. B., Modelling of the Software Reliability Growth Process, Proc. COMPSAC, IEEE 1980.

[*Ramamoorthy*-84] Ramamoorthy, C. V., Prakash, A., Tsai, W.-T., Usuda, Y., Software Engineering: Problems and Perspectives, IEEE Trans. on Computers, S. 191 ff, 1984.

[*Randell*-75] Randell, B., System Structure for Software Fault Tolerance, IEEE Transactions on Software Engineering, SE-1, 1975, S. 220 ff.

[*Rosenthal*-75] Rosenthal, A., A Computer Scientist looks at Reliability Computations, in: Reliability and Fault Tree Analysis, J. Soc. Indus. Appl. of Math. 1975.

[*Schnupp*-79] Schnupp, P., Floyd, C., Software: Programmentwicklung und Projektorganisation, de Gruyter: Berlin New York 1979.

[*Scott*-83] Scott, K. R., Gault, J. W., McAllister, D. F., The Consensus Recovery Block, Proc. of the Total Systems Reliability Symp., S. 74 - 85, 1983.

[*Shooman*-76] Shooman, M. L., Structural Models for Software Reliability Prediction, 2nd Int. Conf. on Software Engineering, S. 268 - 280, IEEE Computer Society 1976.

[*Shooman*-83] Shooman, M. L., Software Engineering, Design, Reliability, and Management, McGraw-Hill int., 1983.

[*Shooman*-84] Shooman, M. L., Software Reliability: A historical Perspective, IEEE Trans. on Reliability, R-33, S. 48 ff, 1984.

[*Störmer*-70] Störmer, H., SemiMarkoff-Prozesse mit endlich vielen Zuständen, Lecture Notes in Operations Research and Mathematical Systems 34, Springer Berlin 1970.

[*Trachtenberg*-85] Trachtenberg, M., The Linear Software Reliability Model and Uniform Testing, IEEE Trans. on Reliability, R-34, S. 8 - 16, 1985.

[*Vesely*-68] Vesely, W. E., Estimating Common Cause Failure Probability in Reliability and Risk Analysis: Marshall-Olkins specializations, Proc. int. conf. on Nuclear Systems Reliability Engineering and Risk Assessment, Gatlittbourg (Tenessee) 1987.

[*Yllera*-86] Yllera, F. J., Modularisierungsverfahren zur Berechnung von Fehlerbäumen komplexer technischer Systeme, Dissertationsschrift Technische Universität Berlin 1986.

Stichwortverzeichnis

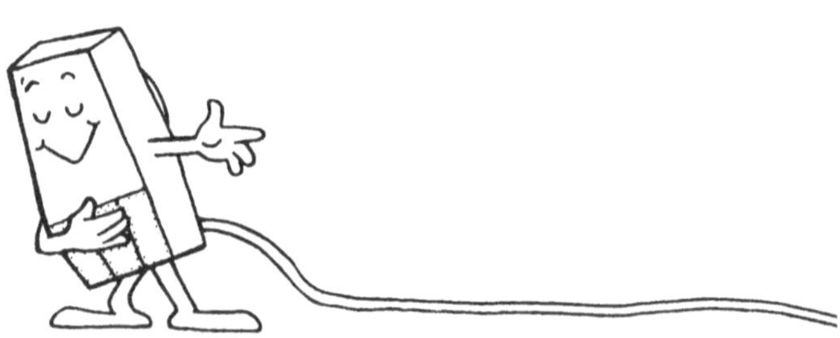